INHALTSVERZEICHNIS

ZUR ENTSTEHUNG DIESES HEFTES

Esau und Jakob. Gott sei Dank gibt es sie in der Heiligen Schrift des Ersten Testamentes. Die Bibel zeichnet den einen als Erstgeborenen rustikal, den anderen als Zweitgeborenen fein – ohne irgend eine Form der Wertung. Lediglich ein Wunsch schwingt leise im Hintergrund mit: Dass beide des anderen Lebensart und –weise akzeptieren, tolerieren und integrieren mögen. Dies ist auch der Leitgedanke, der die Darstellung in diesem Heft durchzieht. Es tut uns gut, beide Seiten in uns zu entdecken, die des Esau und die des Jakob.

Die Entdeckungsreise in die Lebensumstände der beiden Brüder begann mit einem Manuskript von Herrn Professor Franz Maurer, Didaktiker an der Religionspädagogischen Akademie in Wien. Über ein Jahr entfalteten sich – in Zusammenarbeit mit Herrn Thomas Brunnhuber – die vier Hauptpunkte dieses Heftes: Abstammen, Auftreten, Überlisten und Träumen. Eine Weiterführung der Thematik und der noch ausstehenden Einheiten zum Jakob-Esau-Zyklus ist für das nächste Jahr geplant.

Ein besonderer Dank gilt Herrn Maurer für das Aufschließen der biblischen Gesamterzählung, für die Einleitungen und für all die Anregungen zu konkreten Umsetzungen in die erzieherische Arbeit.

Auch seit Beginn der Bemühungen dabei war Frau Notburg Bammer (Kunsterzieherin und Religionspädagogin), ebenfalls aus Wien. Als aktive Zuhörerin und Ansprechpartnerin gab sie wertvolle Impulse. Ihre Bilder, die als Bildmappe zu diesem Heft vorliegen, sind Frucht dieser gemeinsamen Auseinandersetzung mit dem Thema.

Von Herrn Fritz Maier stammt die Federzeichnung auf Seite 6 des Heftes. Frau Monika Molnar verfertigte die übrigen Illustrationen. Frau Angela Dimke schrieb den Notensatz. Ihnen gilt unser Dank.

Alle Übungen und Gestaltungen können auch für sich alleine stehen. Je nach Bedarf sind sie unabhängig von der Jakob-Esau-Thematik einsetzbar. Die Lebensfragen, auf die sie Antwort zu geben versuchen, stellen sich manchmal unmittelbar. Das Heft beinhaltet ferner traditionsgemäß viele Liedrufe, Lieder. Wer mit dem Singen Schwierigkeiten hat, soll nicht erschrecken. Die Liedtexte eignen sich auch als Sprechtexte.

Wir hoffen auf eine gute Arbeit mit den folgenden Inhalten und sind über Rückmeldungen aus der pädagogischen Arbeit sehr dankbar.

Die Herausgeber

EINLEITUNG

„Wer bin ich?"
Das ist eine der zentralsten Fragen, die Menschen be-weg-t.
Sie ist eingebettet zwischen der Vergangenheit, verknüpft mit der Frage: „Woher komme ich?", und der Zukunft, verweisend auf die Frage: „Wohin werde ich gehen?"

Wird die Frage ernst genommen, ist die Antwort darauf nicht eindeutig und „ein"-fach, sondern mindestens „zwei"-fach oder „mehr"-fach oder „viel"-fach. Geschichten, die von Wegen ins Leben erzählen, wissen darum. Diese Geschichten sind nicht geschönt und geglättet, sondern verschlungen und kompliziert wie das Leben selbst.
Geht es um Spannung und Polarität im Leben, um „komplizierte" Lebenserfahrungen, wo sich immer wieder eine verborgene Komplizin, ein verborgener Komplize mit am Werk erweist, erzählen Geschichten von Geschwisterpaaren. Mit ihrer Hilfe lässt sich die „Kompliziertheit", die Komplexität des Lebens, in ihren spannungsgeladenen Polarisierungen, am geeignetsten erzählend entfalten.

In diesen Geschichten wird dann von ungleichen Geschwisterpaaren erzählt, mit deren Hilfe Facetten des Lebens, eingespannt zwischen unterschiedlichen, oft gegensätzlichen Polen, bearbeitet und durchgespielt werden können. In mehr als 500 verschiedenen Variationen begegnen in der Mythologie Geschichten von ungleichen Geschwisterpaaren. (z.B.: Brüderchen und Schwesterchen, Goldmarie und Pechmarie, Hänsel und Gretel, Die zwei Brüder, Schneeweißchen und Rosenrot; oder in der Bibel: Kain und Abel, Esau und Jakob, Lea und Rahel, die zwei Söhne im Gleichnis vom Barmherzigen Vater ...)

Solche Geschichten dürfen dann nicht abwertend, im Sinne von historisch nicht beweisbar, als bloße Geschichten abqualifiziert werden. Sie sind eben nicht nur „Geschichten", sondern gerade als Geschichten eine besonders dichte und qualifizierte Form, auf exemplarische (nicht historisch singuläre) Weise Wege ins Leben zu zeigen.
Handelnde Geschwisterpaare in ihren Interaktionen sind dabei auch Bilder für Seelenanteile im Menschen. Was sie erfahren, kann sich auch in mir abspielen, hier und heute. Was ihnen trotz aller Um- und Irrwege gelungen ist, mag auch Menschen von heute Richtung weisen auf ihrem Weg ins Leben.

Das Thema ist in diesen Geschichten vorgegeben durch die Zahl Zwei, gerade nicht eins, Ein-heit, sondern zwei, Zwei-heit, Zwie-spalt, Dualität, Polarität. Darin finden sich Menschen mit ihren eigenen Erfahrungen wieder: Sie erfahren sich in aller Regel auch nicht als glatte, homogene Persönlichkeiten, sondern vielmehr eingespannt in Gegensätze, Widersprüchlichkeiten und Zwiespälte.

Licht und Schatten, hell und dunkel, oben und unten, links und rechts, glatt und rau, Himmel und Hölle, Anima und Animus, vertikal und horizontal, Yin und Yang, usw., sind meist zwei Seiten ein und derselben Medaille, die zusammen gehören.
Auf solche polarisierte Geschichten stoßen wir immer dann, wenn in der Sprache des Mythos von einem Geschwister – oder gar Zwillingspaar – die Rede ist. Ein geschultes Ohr hört hier gleich – wie bei einer Ouvertüre – das Thema der Geschichte heraus, das dann in verschiedenen Variationen durchgespielt wird.

In diesen Geschichten, die das Leben in seiner Polarität bearbeiten, geht es darum, die hellen oder dunklen Seelenanteile nicht abzuspalten oder zu verteufeln, denn dann ergreifen sie todsicher wieder vom Menschen Besitz (vgl.: die vielfältigen biblischen Erzählungen über „Besessenheit"). Es geht ihnen vielmehr darum, auch die dunklen Seiten zu bearbeiten, sie integrieren zu lernen (die Bibel spricht vom Umarmen. Es geht darum, sie liebend anzuschauen, sich ihnen zu stellen, sie zu bearbeiten, sie zu disziplinieren („disziplina" heißt Unterweisung, Lehre, Schulung; „diszipulus" heißt lernender Schüler), den Umgang mit ihnen zu üben. Es geht darum, sie beherrschen zu lernen, um nicht beherrscht zu werden oder die Beherrschung zu verlieren. Das wäre doch ein Bildungsauftrag in einem ganz ursprünglichen Sinn! Nicht unterdrücken, überlisten, abspalten, verteufeln, sondern disziplinieren, den Umgang schulen und üben.

Mit der Aufnahme dieser Art von Geschichten in die Bibel haben Menschen eine Option getroffen: Es sind heilende, „heilige" Geschichten. Sie bezeugen, was Leben und Glauben heißt. In ihnen stellen sich Wege von Menschen als Wege mit Gott dar.
Ein Grundanliegen solcher biblischer Geschichten ist dabei, Antworten zu finden auf die Fragen: „Woher komme ich, wer bin, wie kann ein so schicksalschweres Menschenleben glücken, und wie ist es lebbar und wird es lebbar unter der Verheißung und der Gegenwart unseres Gottes?"
So laden diese Geschichten (wie die nachfolgend in Blick genommene Erzählung von Esau und Jakob) ein, das eigene Menschsein im Spiegelbild des biblischen Menschenbildes zu entdecken. Damit sich das er-eignen kann, brauchen die Geschichten ent-sprechend Raum und Zeit, damit sich für uns heute wieder entfalten kann, was in ihnen an Lebenserfahrungen verdichtet ist. Wenn Kinder ein und dieselbe Geschichte immer und immer wieder hören wollen, haben sie noch eine sehr unmittelbare Empfindung für dieses Anliegen, der „Philosophie" der Geschichte auf den Grund zu gehen und fordern es von sich aus ein.

Der Erzählzyklus zwischen Gen 24 und 33 kann in acht „Bildern“ gegliedert werden:

ABSTAMMEN – AUFTRETEN – ÜBERLISTEN – TRÄUMEN – LIEBEN LERNEN – SELBSTÄNDIG WERDEN – STANDHAFT WERDEN – VERNEIGEN/UMARMEN.

Die ersten vier entfalten wir in diesem Heft, allerdings in unterschiedlicher Gewichtung zugunsten der beiden ersten Hauptpunkte.

Dabei haben wir uns von drei Gesichtspunkten leiten lassen:

1. Jedes Bild eröffnen wir mit einer Frage.
   Sie soll zur Frag-Würdigkeit unseres Lebens ermutigen. Damit knüpfen wir auch an einer rabbinischen Tradition an, die besagt: „Es ist wichtiger, Fragen zu stellen als Antworten zu geben.“
   Fragen fordern heraus, eröffnen Wege, laden ein, neue Horizonte zu erschließen; Antworten schließen ab.

2. Jeder Frage haben wir ein Zeitwort zugeordnet.
   Manche Pädagoginnen sagen dazu auch: „Tun“-Wort. Darin drückt sich der dynamische Aspekt recht schön aus, der zum Handeln, zur Auseinandersetzung einlädt, der Handlungs-spiel-räume eröffnet.

3. Schließlich haben wir uns noch davon leiten lassen, die in den Fragen eröffneten Grunderfahrungen menschlichen Daseins möglichst zu elementarisieren, was in der Fokussierung auf jeweils ein einziges Wort seinen verdichteten Ausdruck findet.
   Durch diese Elementarisierung versuchen wir einer Begegnung im Elementarbereich der Kindergarten-, bzw. Grundschulpädagogik gut zu entsprechen. Die Fokussierung entspricht dem Brennpunkt einer Lupe, der viele Erfahrungen bündelt. Aufgabe der konkreten Anregungen und Impulse ist es, dahinterliegende Erfahrungen entsprechend zu beleuchten.

DER STAMMBAUM ESAUS UND JAKOBS

ABSTAMMUNG – WOHER KOMME ICH?

EINFÜHRUNG

Unsere Wurzeln liegen in der Vergangenheit. Sie liegen uns voraus, sind uns vorgegeben, vererbt von unseren Eltern, unserer Abstammung. Damit wurde uns vieles in die Wiege gelegt, was nachhaltig unser Leben beeinflusst. (Die christliche Lehre von der Erbsünde, den geerbten Voraus-Setzungen, die unser Leben prägen, thematisiert diesen Zusammenhang.)

Ein Pfarrer eröffnete einmal eine Predigt mit der Frage: „Haben Sie Ihren Eltern schon verziehen, dass Sie auf der Welt sind?“ Damit verwies er auf die lebensgeschichtliche Notwendigkeit, sich mit seiner Herkunft, mit seiner Abstammung, mit all ihren Voraus-Setzungen, auseinanderzusetzen und zu versöhnen.

Der Weg dorthin ist oft ungemein schwer und lang, er „überschattet“ gewissermaßen das ganze Leben. Die Psychologie spricht in diesem Zusammenhang vom Schatten, vom Schattenbruder, der Schattenschwester, die uns ein Leben lang begleiten.

Dem Schatten entfliehen zu wollen ist sinnlos; ihn zu verleugnen dumm; ihn zu verdrängen weit verbreitet. Aber es ginge darum innezuhalten, sich ihm zu stellen, mit ihm zu ringen, ihn zu integrieren, sich mit ihm zu versöhnen, oder – geschlechtsneutral – ihn zu umarmen.

Diesen Weg weist die Therapie, aber auch die Bibel, die in diesem Sinn ein eminent therapeutisches Buch ist („therapieren“ heißt ursprünglich: die Arbeit der Götter verrichten).

Sie schaut dem Leben sehr genau zu, in all seinen Höhen und Tiefen, Licht und Schattenseiten, Umwegen und Abwegen, und bietet ver-weg-ene Modelle, wie unser schicksalhaftes und schicksalschweres Leben unter den Augen Gottes gelingen kann. Das ist der therapeutische, der heilsgeschichtliche Aspekt der Bibel: Das Leben in seiner Gesamtheit, auch mit seinen Schattenseiten, darf unter den Augen Gottes betrachtet werden und es eröffnen sich immer wieder heilsame Wege des Um-Gangs damit.

Die Geschichte von Esau und Jakob erweist sich rasch als eine, die uns Menschen im wahrsten Sinne des Wortes „auf den Leib geschrieben“ ist. Die erste Frage, die uns umtreibt auf unserem Weg ins Leben heißt: „Woher komme ich? Was ist mir in die Wiege gelegt worden? Welche Rahmenbedingungen finde ich vor? Was ist das Umfeld, das Klima, das Milieu, das mich prägte?“

Ein Kind fragte einmal in einer philosophischen Art, wie nur Kinder imstande sind zu fragen: „Papa, du bist mein Papa, o.k. Aber – bist du auch mein Vater?“

Damit unterschied es sehr differenziert zwischen seiner Zugehörigkeit (zu dem Menschen, den es heute Papa nennt) und seiner Herkunft, Abstammung (von dem Menschen, der es gezeugt hat, der sein Vater ist).

In einem Sprachspiel mit den Worten:

Her-kunft	(Her-gehör-igkeit: Leibliche Eltern. „Wo komme ich her?“)
Hin-kunft	(Hin-gehör-igkeit: Geschwister, Patchworkfamilien. „Wo komme ich hin?“)
Zu-kunft	(Zu-gehör-igkeit: Großfamilie, Clan. „Wer kommt auf mich zu?“)
An-kunft	(An-gehör-igkeit: Frei gewählte Beziehungen. „Wem gehöre ich an?“)

könnte dieser unlösbare Zusammenhang in den Satz zusammengefasst werden: Die Herkunft und die Hinkunft prägen die Zukunft und Ankunft.

Es ist durchaus eine „dramatische“ Frage für jeden Menschen: „Wo komme ich her und wo gehöre ich hin?“ Mit dieser dramatischen Frage, die so banal und einfach klingt, wird die Zwillingsgeschichte von Esau und Jakob eröffnet. (Wenn die Frage von Anfang an sowohl auf „Hergehörigkeit“, als auch auf „Zugehörigkeit“ offen gehalten wird, kann auch Kindern aus sog. Patchworkfamilien, oder mit nur einem Elternteil, der Blick auf ihre Abstammung, bezogen auf ihre jeweilige Lebenssituation, ermöglicht werden.)

Es geht um nicht mehr und nicht weniger als um die Frage nach meinem Stammbaum, meinen Wurzeln, meinem Zuhause. Sie ist entscheidend für mein ganzes Leben. Je nachdem, wie die Beantwortung auf diese Frage ausfällt, wie ich den Blick auf meine Abstammung ausrichte, entscheidet sich für mich, ob ich die Welt und mein Leben darin als un-Heim-lich betrachte und mich als entwurzelt empfinde oder nicht. Das ist der Blick auf die Voraus-Setzungen, auf die Startbedingungen, die ich für mein Leben vorfinde und als gegeben annehmen muss.

„Jenseits“ von der Unbedingtheit meiner Abstammung (dass ich die Bedingungen nicht beeinflussen kann), wissen biblische Geschichten auch von der Unbedingtheit einer Hoffnung zu erzählen, die der Glaube an einen liebenden Gott eröffnet. Durch ihn kann jedes auch noch so schicksalsschwere Leben unbedingt (d.h. nicht endgültig abhängig von den geschichtlichen Bedingungen seiner konkreten Existenz) zum Heil gelangen.

Deswegen ist es heilsam und wichtig, Kindern biblische Geschichten zu erzählen, ohne sie zu glätten und zu ebnen, sondern in all ihrer Spannung und geradezu abgründigen Polarität. Gerade dadurch eröffnen sich lebensnahe Modelle, wie auch eigenes, schicksalsschweres Leben auf Hoffnung hin angegangen und geweitet werden kann.
Nachfolgend eröffnen wir die Frage nach der Abstammung mit einem Geschehen aus der Natur. Wir betrachten die Herkunft eines Apfels. Von dieser Anschauung ausgehend kommen wir zu dem Begriff Stammbaum. Wir erfahren, dass Abstammung prägend ist und der Mensch überhaupt im Baum ein Bild von sich selbst zu schauen vermag. Alle unsere Erfahrungen münden stets ein in die biblische Erzählung von Esau und Jakob, in einen Gottesbezug.

DER STAMMBAUM

VON WO STAMMT DER APFEL AB?

Wir betrachten seine „Abstammung“. Von wo kommt er her, von wo stammt er ab? Was muss es geben, damit er werden kann?

ANSCHAUUNG

❍ In einem Korb befinden sich – mit einem Tuch verdeckt – Äpfel (es könnten auch Birnen, etc. sein, wenn möglich von ein und demselben Baum).

❍ Die Kinder greifen vorsichtig in den Korb hinein und betasten die Äpfel. Wir spielen leibhaft die ertastete, rundliche Form. Vielleicht können wir auch noch ohne Worte, gestenhaft spielen, was man mit den Dingen im Korb anfangen kann (z.B. am Stil halten, schälen, essen).

❍ Die Äpfel werden entdeckt und betrachtet: zunächst mit den Händen (Haut, Stil, Unterseite), dann mit den Augen, schließlich zur Einprägung mit geschlossenen Augen.

❍ Wir spielen, woher diese Frucht kommt, von wo sie abstammt:
Einige Kinder stellen sich gemeinsam wie ein Baum-Stamm hin. Dabei achten wir auf einen guten, festen Stand. Unsere ausgestreckten Arme sind die Zweige. Daran hängen die Äpfel, die wir mit unseren „geballten“ Händen nachspielen. Die Äpfel sind über die Äste und Zweige mit dem Baum-Stamm verbunden.

Die Erzieherin macht die Verbindung der Äpfel mit dem Stamm sichtbar und spürbar: Sie legt ihre Hand über einen „Faust-Apfel“ und fährt dann den „Arm-Ast“ abwärts, über den „Körper-Stamm“ bis zum Boden hinunter. Andere Kinder, die nicht gerade Baum spielen, können ihr dabei helfen. Da

dieses Tun verweilend geschieht, können die Kinder ihre Arme auch noch so lange gesenkt halten, bis sie an der Reihe sind. Natürlich ist auch das Aushalten der gestreckten „Arm-Äste“ eine Kräfteschulung in sich. Wir singen das Lied „Der Apfel stammt vom Apfelbaum“.

T. u. M.: Thomas Brunnhuber

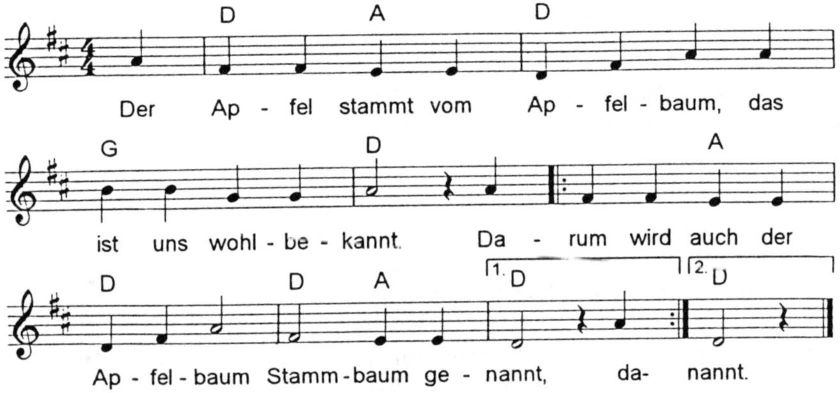

❍ Anschließend greifen wir dieses Spiel nochmals in einer Partnerübung auf: Einer spielt den Baum (Stamm, Äste/Zweige, Äpfel), der andere umfängt mit den Händen einen der beiden „Äpfel“ (es kann statt der Faust auch ein richtiger Apfel sein, den er hält) und verfolgt die Verbindung – über den Ast zum Baumstamm und weiter bis zum Erdboden zurück; dort hinein lässt der Stammbaum seine Wurzeln wachsen. Dann wird die Abstammung des zweiten „Apfels“ ebenfalls zurückverfolgt bis zum Erdboden.
Diesen Vorgang können wir auch in umgekehrter Richtung machen: Wurzelboden – Stammbaum – Ast/Zweig – Apfel.

Durch diese spielerische Form wird deutlich, was später mit der menschlichen Abstammung gemeint ist. Die Früchte, die Kinder, stehen in einer Verbindung mit dem Stamm, dem Stammvater und der -mutter und mit deren Wurzelgrund.
Wir wissen: Der Apfel stammt vom Apfel-Baum. Der Apfelbaum ist der Stamm-Baum des Apfels.

❍ Dementsprechend gestalten wir in unserer Mitte einen Apfelbaum (Stamm, Wurzeln, Krone mit Ästen und Zweigen) und legen die Früchte in die Krone, denn von dort kommen sie her.

DEUTUNG

Bei uns Menschen ist es ähnlich. Jeder von uns ist wie ein solcher Apfel. Du bist wie die Frucht eines Baumes. Ich bin wie die Frucht eines Baumes. Deine und meine Eltern sind wie Bäume, die die Früchte hervorgebracht haben. Gott sei Dank gibt es unsere Väter und unsere Mütter. Ohne sie wären wir nicht auf dieser Welt.

❍ Jedes Kind gestaltet vor sich in Umrissen (z. B. mit Legematerial, Karton, Filz oder Wolle) einen kleinen Apfelbaum und legt einen kleinen Apfel oder ein schönes Zeichen dafür für sich in die Baumkrone.

❍ Ein Lied vermag unser Tun begleiten, vertiefen:

T. u. M.: Franz Kett

<u>WOHER KOMMT DER APFELBAUM?</u>

ANSCHAUUNG

❍ Wir nehmen einen Apfel aus der Krone und schneiden ihn so entzwei, dass die kreisförmige Anordnung der Kerne im Kernhaus gut zu sehen ist. Den aufgeschnittenen Apfel legen wir ganz unten an den Stamm in der Kreismitte, denn aus seinen Kernen wird ein Baum.

Ja, ein einziger Apfelkern genügt, dass aus ihm ein ganzer Apfelbaum werden kann.

❍ Jedes Kind empfängt einen Apfelkern. Er wird ihm behutsam, eventuell unter Augenschluss, in die Hand gelegt.

❍ Wir beschauen den Kern, träumen davon, dass aus ihm ein Apfelbaum werden kann.

IDENTIFIKATIONSSPIEL

❍ Wir spielen mit den Händen, wie aus einem Kern ein ganzer Baum wird.
Wir bergen den Kern in einer Hand. Er wird gleichsam in die Erde gelegt.
Wir lassen mit der anderen Hand die Sonne scheinen, den Regen auf die Erde fallen.

Wir zeigen das Einwurzeln nach unten, das Durchbrechen, Wachsen nach oben. Wir zeigen, wie sich die Krone mit ihren Zweigen, Ästen ausbildet.

Vielleicht können wir auch noch einen Apfel darstellen, der stellvertretend für viele in der Baumkrone hängt.

❍ Was wir mit den Händen dargestellt haben, können wir mit dem ganzen Leib spielend wiederholen.
Wir fangen an, aus dem Kern zu wachsen an: nach unten die Wurzeln und nach oben der kleine Trieb, das kleine Bäumchen. Es wird immer größer und größer. Schließlich stehen wir wie unser Apfelbaum in der Mitte groß da. Und im Herbst tragen wir schöne Äpfel, die wir mit unseren Händen zeigen können.

❍ Jedes Kind bereitet seinem Apfelkern einen kostbaren Platz, indem es ihn mit Legematerial einfasst, schmückt.

❍ Zusammenfassend können wir feststellen:
Der Apfel stammt von einem Apfelbaum. Der Apfelbaum stammt von/aus einem Apfelkern. Der Apfelkern stammt aus einem Apfel. So stammt eins vom anderen ab. Diese Reihenfolge in der Abstammung nennt man einen STAMMBAUM.

DER STAMMBAUM DES ESAU UND JAKOB - EINE BIBLISCHE GESCHICHTE

Es wird vorausgesetzt, dass die Bibel, das Buch, das uns von Gott und wie Gott mit den Menschen umgeht, erzählt, den Kindern vertraut ist. Ansonsten bedarf es einer besonderen Einführung.

EIN BESONDERES GESCHICHTENBUCH

- Die Hl. Schrift wird in den Kreis gebracht. Einzelne Kinder dürfen mit ihr Beziehung aufnehmen, indem sie auf das Buch ihre Hände legen.
- Das Buch wird aufgeschlagen und ins Bodenbild gelegt.

ERZÄHLUNG

Aus diesem Buch wollen wir eine Geschichte hören, eine Geschichte von zwei Brüdern. Der eine heißt Esau, der andere Jakob.
(Esau und Jakob, auch ihre Eltern, können mit Stab- bzw. Knotenpuppen dargestellt werden. Dabei können bereits die Farben dunkelrot und weiß auf die Unterschiedlichkeit der Brüder verweisen.)

Du weißt schon: Die Äpfel sind die Früchte des Apfelbaumes, von dem sie stammen. Und Kinder sind die Früchte ihrer Eltern, von denen sie stammen. Esau und Jakob haben einen Vater und eine Mutter. Der Vater heißt Isaak, die Mutter heißt Rebekka. Vater und Mutter bringen ihre Kinder zur Welt, geben ihnen das Leben weiter (wie der Apfelbaum seinen Äpfeln).

Also, Isaak und Rebekka finden einander. Sie finden aneinander Gefallen. Sie werden ein Paar. Isaak ist 40 Jahre alt, als er Rebekka zur Frau nimmt. Isaak und Rebekka wünschen sich Kinder. Kinder kommen aber nicht auf Bestellung. Lange Zeit bleiben Isaak und Rebekka kinderlos.

Woran das liegen mag?
Welchen Grund das haben kann?
Ich weiß es nicht, es war halt so.
Kinder kann man sich wünschen und erbitten.
Ob der Wunsch und die Bitte in Erfüllung gehen, bleibt offen.
Für ein Kind kann man eigentlich immer nur offen sein.
Die Eltern können gleichsam ihre Hände öffnen und darum bitten:

Gott gebe, dass uns ein Kind geschenkt wird!
Gott, sei du uns nah und bei uns da!

❍ Wir entzünden eine Kerze und stellen sie als Zeichen für Gott zu den Wurzeln unseres Bodenbildes.

T.u.M.: Thomas Brunnhuber

So betet Isaak zu Gott, dem ICH BIN DA:
„Guter Gott, du bist der Ursprung allen Lebens, du bist der Wurzelgrund.
Segne meine Frau und mich.
Guter Gott, du Urgrund allen Lebens, schenke uns ein Kind.“

Und Gott, der ICH BIN DA für jeden Menschen, lässt sich von Isaak erbitten.
Und Rebekka wird schwanger. Isaak und Rebekka werden Eltern.
Wir sprechen von ihnen als Stammeltern.
Wir bekommen in der Geschichte von Isaak und Rebekka aber auch Antwort auf die Frage:
Wo komme ich her?
Wo stamme ich ab?
Wo ist mein Urgrund?

Isaak betet - zu Gott, dem ICH BIN DA.
Und - Gott - lässt sich von ihm erbitten.
Von Gott stammt alles Leben ab.
Er ist der Urgrund auch für unser Leben.
In ihm haben alle Menschen gemeinsame Wurzeln.
Er ist der Ursprung allen Lebens,
auch meines und deines Lebens.

Teelichter - für jedes Kind eines - werden am großen Licht, Zeichen für Gott, entzündet und in die Baumkrone gestellt.
In einem Gebet danken wir Gott für unser Leben:

GEBET

Guter Gott.
Meine Eltern schenkten mir das Leben.
Sie sind wie ein Baum
und ich bin wie eine Frucht am Baum.
Du, Gott aber bist der Boden, der Grund,
in dem der Baum verwurzelt ist.
Du schenkst uns Halt, Nahrung, Kraft.
Sei du uns nah!
Sei immer bei uns da!

ABSTAMMUNG PRÄGT

KANN EIN APFELBAUM AUCH BIRNEN ODER NÜSSE TRAGEN?

ANSCHAUUNG

Die Art des Baumes prägt die Früchte. Es ist auch umgekehrt. Die Art des Samens, des Kerns prägt den Baum. Die Abstammung prägt.

❍ Unter die Äpfel wird in die Baumkrone eine andere Frucht gelegt (z. B. Walnuss oder Birne). Kann es so etwas geben: eine Walnuss, eine Birne an einem Apfelbaum? Nein! Von einem Apfelbaum kann keine Walnuss, keine Birne abstammen. Von einem Apfelbaum stammen Äpfel ab. Für die Äpfel ist der Apfelbaum der Stammbaum, weil sie von ihm abstammen.

DIE GESCHICHTE VON EINEM APFEL UND EINER WALNUSS – ODER: WARUM MUSS ICH SEIN, WAS ICH BIN?

Es lagen einmal in einer Obstschale ein Apfel und eine Walnuss.
Immer wieder schaute die Nuss den Apfel an: Wie edel der aussah!
Die Nuss kam sich dagegen sehr einfach und gering vor. Sie hatte nur eine rauhe, harte Schale. Der Apfel dagegen leuchtete glänzend und hatte eine zarte, feine Haut.
Das war doch irgendwie ungerecht, oder etwa nicht !?!
Und so platzte die Nuss plötzlich damit heraus: „Ich finde das gemein, dass ich nicht so sein kann wie du! Ich möchte nicht länger diese dicke, rauhe Schale haben! Ich möchte deine schöne Haut!“
„Ich bin ein Apfel“, sagte der Apfel. „Und du bist eine Nuss. Das ist halt so.“
„Und warum muss das so sein?“, wollte die Nuss ein wenig beleidigt wissen.
„Weil wir von zwei verschiedenen Bäumen abstammen: Ich von einem Apfelbaum und du von einem Nussbaum.“
„Was heißt denn ‘Abstammen’“, wollte die Nuss wissen.
„Jeder von uns beiden kommt von einem ganz bestimmten Ort, einem ganz bestimmten Platz. Jeder von uns beiden hat seinen eigenen Stammbaum: Du stammst von einem Nussbaum und ich von einem Apfelbaum.
Wenn du geboren wirst, dann kannst du dir nicht aussuchen, woher du abstammen und wer du sein willst: Ein Birne ist eine Birne und bleibt eine Birne; eine Pflaume ist eine Pflaume und bleibt eine Pflaume und eine Walnuss ist eine Walnuss und bleibt eine Walnuss.
Über seine Abstammung kann man sich nicht hinwegsetzen.“

„Das ist ja schrecklich!“, meinte die Nuss. „Dann hängt das ganze Leben von der Abstammung ab und ich selber kann gar nichts tun!“
Da sagte der Apfel: „Das stimmt nicht ganz: Wenn du von einem Nussbaum abstammst, kannst du keine Pflaume werden. Wenn du von einem Pflaumenbaum abstammst, kannst du kein Apfel werden. Und wenn du von einem Apfelbaum abstammst, kannst du keine Nuss werden. Das kannst du nicht! Aber wenn du von einem Nussbaum abstammst, kannst du eine gute Nuss werden. Wenn du von einem Pflaumenbaum abstammst, kannst du eine gute Pflaume werden. Und wenn du von einem Apfelbaum abstammst, so wie ich, kannst du ein guter Apfel werden. Und das ist schon eine große Aufgabe. Egal, ob wir Nüsse oder Pflaumen oder Äpfel sind: Für seinen guten Geschmack ist jeder selber zuständig. Dadurch wird die Welt viel bunter und geschmackvoller!“
„Wie ein Obstsalat“, rief die Nuss!
Dann sagte sie: „Ich glaube, ich habe einen guten Geschmack. Weißt du, Apfel, mit dir in einem Obstsalat schmecke ich noch besser als allein! Ich denke, wir beide passen gut zusammen und vielleicht noch die Pflaume, die Birne, eine Banane, ...!“
„Ja“, sagte noch der Apfel, „wie gut das Leben schmecken kann, wenn jeder darauf schaut, seinen eigenen guten Geschmack zu entfalten.“

❍ Hier bietet es sich an, mit den Kindern ganz bewusst gemeinsam einen Obstsalat zu machen, gemeinsam zu danken für den vielfältigen Geschmack des Lebens, gemeinsam zu essen, zu feiern.

WIR BETRACHTEN VERSCHIEDENHEIT AN UNS SELBST

❍ Wir betrachten unseren Körper, unsere Arme und Hände, unsere Beine und Füße, unsere Gesichter und Haarfarben: Jeder ist anders, weil er/sie woanders her- und abstammt.
(Interessant wäre noch, ob man Ähnlichkeiten mit den Eltern feststellen kann, in der direkten Begegnung oder aufgrund von Fotos.)

❍ Wir besingen unsere Verschiedenheit.

T.u.M.: Franz Kett

EIN STAMMBAUM - GLEICHE FRÜCHTE UND DOCH GANZ VERSCHIEDEN

Auch innerhalb einer Gattung gibt es Verschiedenes, ja selbst ein und derselbe Baum bringt unterschiedliche Früchte hervor. Um das zu sehen, schmecken, ... bedarf es einer differenzierteren Wahrnehmung.
Damit bereiten wir gleichzeitig darauf vor, dass es auch innerhalb der „Gattung Mensch", ja selbst bei ein und demselben (Stamm-)Elternpaar auch recht unterschiedliche Kinder geben kann, wie z.B. das Zwillingspaar Jakob und Esau.

- ❍ Wir gehen in den Garten, betrachten einen Apfelbaum, die Äpfel in seiner Baumkrone. Es fällt auf, dass sie zwar „gleich" sind und doch in vielen Punkten verschieden: Größe, Färbung, Flecken, Stil.
- ❍ Wir können diese Beobachtung auch an weiteren Pflanzen und Bäumen in unserem Garten machen.
- ❍ Bei uns Menschen ist das nicht anders: Wir können Fotos von Geschwistern anschauen. Selbst Zwillinge unterscheiden sich in manchen Dingen.
- ❍ Auch wenn jeder von uns das Gleiche gestalten würde, es wäre immer noch nicht dasselbe. Jede und jeder hat seine „Eigenart".
  In den Bildern der Kinder, die sie zu einem Thema malen oder am Boden gestalten, wird es offenkundig. Wir versäumen es nicht, die Kinder immer wieder auf diese Verschiedenheit aufmerksam zu machen.

ESAU UND JAKOB - ZWILLINGE UND DOCH GANZ VERSCHIEDEN - BIBLISCHE GESCHICHTE

- ❍ Die Heilige Schrift wird getragen, aufgeschlagen. Die Stab- bzw. Knotenpuppen Esau und Jakob werden ins Spiel gebracht.

ERZÄHLUNG

Von den zwei Brüdern will ich wieder erzählen. Der eine heißt Esau, der andere Jakob.
Isaak und Rebekka sind die Namen der Eltern. Esau und Jakob sind Zwillinge. Am selben Tag, ja zur selben Stunde werden sie geboren, zuerst Esau und dann Jakob. Und obwohl sie Kinder der selben Eltern, ja Zwillinge sind, sind sie sehr verschieden, schon vom Aussehen her.
Esau ist am ganzen Körper sehr behaart. Seine Haare schauen fast aus wie ein rötliches Fell, so dicht sind sie. Jakob dagegen hat vielleicht so viel Haare wie wir. Esau ist ein starker Bursche. Er geht gerne auf die Jagd und zieht am liebsten in Wald und Feld umher. Das gefällt seinem Vater Isaak.
Sein Bruder Jakob dagegen ist gerne zuhause, bei den Zelten seiner Familie. Das gefällt seiner Mutter Rebekka.
Ja, beide Brüder sind sehr verschieden, obwohl sie Zwillinge sind.

DER MENSCH – WIE EIN BAUM

Der Mensch gleicht in vielfältiger Weise dem Baum. Der Baum ist dem Menschen ein Bild und ein Gleichnis. Schon in seiner Gestalt ähnelt der Mensch dem Baum:
Die Zehen und Füße – den Wurzeln:
die Beine, der Körper – dem Stamm;
die Arme, der Kopf – der Krone.
„Ich sehe Menschen wie Bäume“, das ist der erste Eindruck, den der Blinde bei Betsaida nach seiner Heilung durch Jesus gewinnt (Mk 8,24).
Immer hat der Mensch Parallelen von sich zum Baum erahnt. Im Menschen ist neben dem Tierhaften auch das Baumhafte. (H. Hilger)
So ist der Baum ein bevorzugtes Symbol, an dem der Mensch wahrnehmen kann, dass Gestalten unserer Umwelt nicht nur Dinge und Sachen sind, sondern Dimensionen eines großen Alphabets beinhalten, das im Dienst einer in die Dinge „eingeschriebenen“ Botschaft steht, einer Botschaft, die vom Menschen wahrgenommen und entziffert werden kann.

GESTALTUNG

- ❍ Ein Kind legt sich auf den Boden, die Beine geschlossen oder leicht gespreizt; die Hände bogenförmig über dem Kopf geschlossen; die Fingerspitzen berühren sich. Es schaut aus wie ein Baum mit runder oder spitzer Krone. Die anderen Kinder legen mit Seilen die Konturen des Kindes nach. Nach unten bleibt die Gestaltung offen.
- ❍ Die Kinder legen sich im Kreis auf den Boden, eines neben das andere, die Füße zur Mitte hin ausgestreckt. Jedes Kind wird mit Seilen umstaltet. So entstehen rund um einen „Erdkreis“ (evtl. mit braunen Tüchern angedeutet) die baumförmigen Konturen der Kinder:

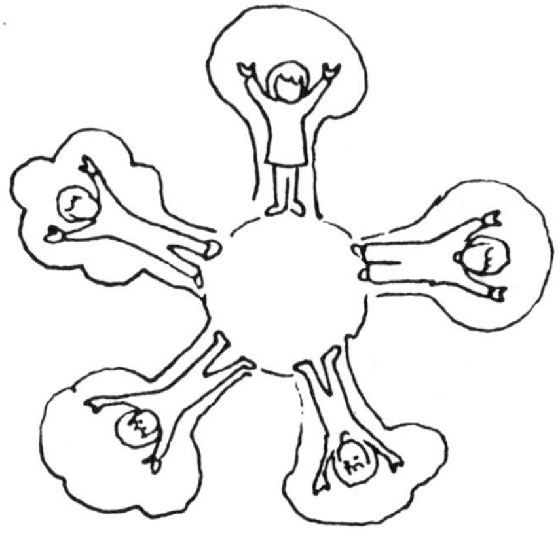

DEUTUNG - VERINNERUNG

Wie Bäume bevölkern wir die Erde.
Wir wachsen auf ihr und aus ihr.
Der/die eine neben dem/der andern. Rundherum.

❍ Die Kinder werden eingeladen, ihre gelegten „Seil"-Bäume zu schmücken mit Blüten, Blättern, Früchten, ... und zu gestalten.

❍ Wir stellen uns zu unseren Bäumen, spüren uns als Bäume. Ein Lied kann uns dabei führen:

T. u. M.: Thomas Brunnhuber

GEBET

Guter Gott!
Ich habe Füße und spüre die Erde.
Dafür danke ich dir.
Ich stehe fest auf der Erde. So schnell wirft mich nichts um.
Dafür danke ich dir.
Meine Beine und mein Körper sind aufgerichtet wie ein Stamm.
Dafür danke ich dir.
Mein Kopf zeigt nach oben. Ich darf aufrecht leben.
Dafür danke ich dir.
Meine Arme und Hände strecken sich wie Zweige in den Himmel, dorthin, wo es weit ist.
Dafür danke ich dir, guter Gott. Amen.

UNTERSCHIEDLICHE NÄHRBÖDEN

Ein Baum kann sich den Boden, seinen Nährboden, in den sein Same einwurzelt, nicht aussuchen. Er kann nicht verfügen über Wind und Wetter, nicht über Sonne und Regen, Tag und Nacht, den Wechsel der Jahreszeiten. So verweist uns der Baum in vielen symbolhaften Bezügen auf die Unverfügbarkeit des Lebens, der eigenen Herkunft, unseres Daseins, eingebettet in einem ganz bestimmten um-„Feld".

Auch der Mensch kann sich das Milieu, das Klima, die (Boden-)Kultur, den „Nährboden", in den er hineingeboren wird, nicht aussuchen. Ob in Europa oder Afrika, als Christ oder Muslim, in eine Familie mit nur einem Elternteil oder mit Mutter und Vater, als Einzelkind oder in eine Großfamilie, in Armut oder Reichtum, ... unsere Abstammung, unsere Herkunft, das Milieu, der Nährboden sind, wie das Leben überhaupt, uns unverfügbar vorgegeben.
Es geht darum, sie liebevoll anzusehen (ihnen „Ansehen" zu verleihen), damit Frieden zu schließen, sich damit zu versöhnen und das Beste daraus zu machen.

Über das konkrete „Ansehen" hinaus bleibt gläubigen Menschen die Hoffnung, dass Gott sich um all seine Geschöpfe liebevoll sorgt, ihnen „Ansehen" und Würde, den notwendigen Nährboden zum Leben schenkt.
Über den symbolischen Schutz und Deckmantel der „Nährböden" – in unserem Fall eines Baumes – kann Kindern die Chance geboten werden, die unterschiedlichen „Nährböden" eigener „Abstammung" anzuschauen und einen positiven Umgang damit zu üben.

Darin liegt das zu-Mut-ende dieser Lebensgeschichten: Du hast deine Herkunft nicht zu verantworten, du brauchst dich für deine Herkunft nicht zu genieren, aber auch nicht zu resignieren. Nutze die Chancen der Lebens- und Entfaltungsmöglichkeiten, die sie bieten.
Die symbolische Ebene hat dabei eine Schutzfunktion, die wie ein „Deckmantel" vor Entblößung schützt und die eigene Intimität wahrt, ohne dass mit dem Finger auf jemanden gezeigt wird. Über den Schutz des Symbols haben Kinder die Möglichkeit, gewissermaßen in der 3. Person auf eigene Erfahrungen zu blicken. Sie sagen dann: „Das ist wie bei jemand, der/die ....; das ist, wie wenn eine/r ...."

Ist es für Kinder oft wichtig, „ich" sagen zu lernen, so gibt es doch Lebens- und Erfahrungsbereiche, für die der Schutz der Intimität geboten erscheint. Diesen Schutz bietet die symbolische Rede in der 3. Person.
Ziel wäre es, die unterschiedlichsten Nährböden unserer Abstammung nicht zu verteufeln, zu verdrängen oder zu verleugnen, sondern liebevoll anzuschauen auch im Hinblick auf die unterschiedlichen Chancen, Herausforderungen und Entwicklungsmöglichkeiten, die in ihnen ruhen.

EIN BILD ERZÄHLT

Die Kinder gestalten gemeinsam unter Anleitung ein Bodenbild.

GESTALTUNG

- 4 braune Rhythmiktücher werden in der Mitte als ein Quadrat ausgelegt (Innenseiten ein wenig überlappend) und rund geformt. Nach verschiedenen Assoziationen bezeichnen wir unsere Mitte als runde Erde, als „Erdkreis", den verschiedene Kinder umschreiten dürfen.
- Um diesen Erdkreis werden nun Tücher in folgenden vier verschiedenen Farben ausgelegt: grün, blau, beige/hellbraun, grau. Dabei symbolisiert jede Farbe einen charakteristischen Nährboden: den fruchtbaren Boden; den Boden am oder im Wasser; den Sand-, Wüstenboden; den felsigen, steinigen Boden.
- Mit den Kindern werden wir diese vier Bodenarten besprechen, dinglich werden lassen (z. B. Sand, Steine dazulegen) und in Körperhaltungen bringen. Entsprechend zu jedem Boden wird ein Baum so gestaltet, dass er auf dem Nährboden steht (evtl. können seine Wurzeln auch ein wenig durch diesen Nährboden in den braunen Erdkreis hineinwachsen.)
  Wie sehen die einzelnen Bäume aus, worin müssen sie sich unterscheiden?
  Grüner Grund: Groß, mächtig, weit ausladend.
  Blauer Grund: Flache Wurzeln, hochgewachsen.
  Sandgrund: Tiefe Wurzeln, klein, sparsam (Blätter geben wenig Feuchtigkeit ab).
  Steingrund: Knorrig, wind- und wetterbeständig.
  Jeder Baum macht das beste aus seinen Lebensbedingungen.

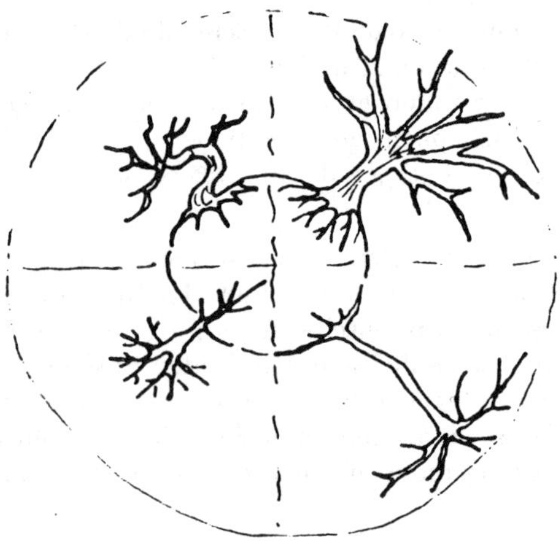

DIE GESCHICHTE EINER PALME

Exemplarisch können wir durch folgende afrikanische Geschichte verdeutlichen, welche Herausforderungen und Entwicklungschancen schwierige, ja belastende Voraussetzungen enthalten.

ERZÄHLUNG

Durch eine Oase ging ein finsterer Mann, Ben Sadok. Er war so gallig in seinem Charakter, dass er nichts Gesundes und Schönes sehen konnte, ohne es zu verderben.
Am Rande der Oase stand ein junger Palmenbaum im besten Wachstum. Der stach dem finsteren Araber in die Augen. Da nahm er einen schweren Stein und legte ihn der jungen Palme mitten auf die Krone. Mit einem bösen Lachen ging er nach dieser Heldentat weiter.
Die junge Palme schüttelte sich und bog sich und versuchte, die Last abzuschütteln. Vergebens. Zu fest saß der Stein in ihrer Krone.
Da krallte sich der junge Baum tiefer in den Boden und stemmte sich gegen die steinerne Last. Er senkte seine Wurzeln so tief, dass sie die verborgene Wasserader der Oase erreichten. Und stemmte den Stein so hoch, dass die Krone über jeden Schatten hinausreichte. Wasser aus der Tiefe und Sonnenglut aus der Höhe machten eine königliche Palme aus dem jungen Baum. Nach Jahren kam Ben Sadok wieder, um sich an dem Krüppelbaum zu freuen, den er verdorben. Er suchte vergebens. Da senkte die stolzeste Palme ihre Krone, zeigte den Stein und sagte: „Ben Sadok, ich muss dir danken. Deine Last hat mich stark gemacht."
(Franz Gypkens. Aus: Das Leben wie ein Baum. Alles Gute zum Geburtstag. Fundus-Reihe 5)

EIN BILD ERMUTIGT

BILDBETRACHTUNG

Die Erde, auf der wir alle wachsen, ist ganz verschieden.

Es gibt grüne Wiesen und fruchtbare Felder.
Es gibt sanfte Hügel und steile Berge.
Es gibt Sümpfe und steiniges Land.
Es gibt heiße Wüsten und trockene Steppen.
Es gibt Städte und Dörfer.
Der Baum kann sich seinen Platz nicht aussuchen.
Er steht, wo er steht (gewachsen ist).

Wir können uns auch nicht aussuchen, wo wir aufwachsen.
Wir können nicht vorherbestimmen, wo der Wind den Samen unseres Lebens einpflanzt.
Wir haben alle einen anderen Ort, auf dem der Stammbaum unseres Lebens steht.
Und jeder Ort hat seinen eigenen Nährboden.

Da steht der Stammbaum eines Kindes auf gutem, fruchtbarem Boden:
Mutter und Vater haben es lieb.
Ihre Liebe strömt wie eine frische Quelle.
Sie wärmt es wie die Sonne.
Die Eltern sorgen für einen guten Nährboden.
Hier kann das Kind sich gut entfalten.

Da steht der Stammbaum eines Kindes auf grauem, steinigem Boden.
Da geht es „grau"-enhaft zu Zuhause.
Die Eltern streiten oft, der Vater trinkt, ...
Das Kind leidet mit.

Und es ist wie ein Wunder, wie das Kind trotzdem wächst und sich entfaltet.
Da steht der Stammbaum eines Kindes an einem „steilen" Berghang; am Rande der „Wüste"; ....

Die Leiterin, der Leiter können hier indirekt, in metapherhafter Sprache die Situationen einzelner ihrer Kinder aussprechen und Ermutigung zusprechen, die Kinder stärken.

WIR VERKNÜPFEN LEBENSERFAHRUNGEN UND BESTÄRKEN EINANDER

❍ Wir gestalten auf den Nährböden-Tüchern mit Legematerial von einem Baum zum anderen Verbindungswege, Wasseradern, kleine Steinwege. Sie zeigen uns, dass alles miteinander in Verbindung steht, zusammengehört und sich gegenseitig ergänzen, ausgleichen kann.

❍ Falls den Kindern das „Ich fass dich golden ein" (RPP 1999-2-41 ff.) bekannt ist, nehmen wir unseren goldenen Rhythmikreifen und legen ihn nacheinander auf die einzelnen Bäume. Dabei singen wir das entsprechende Lied. Auf diese Weise geschieht die Zusage, dass jedes Lebensumfeld einen Wert in sich hat und uns jeder Baum – wie immer er auch aussieht – wertvoll ist.

GEBET

Guter Gott!
Jeder Baum ist einmalig.
Jeder Baum darf wachsen und sich entfalten.
Auch ich bin einmalig.
Auch ich darf wachsen und mich entfalten.
Gib mir dazu Kraft! Amen.

T.u.M.: Thomas Brunnhuber

ESAU UND JAKOB GEHEN UNTERSCHIEDLICHE WEGE – BIBLISCHE ERZÄHLUNG

Wir kennen sie schon, die beiden Brüder, Esau und Jakob.
Sie leben mit ihren Eltern im Heiligen Land, in Israel.
Dort gibt es fruchtbaren Boden, grüne Wiesen und Weiden.
Dort sind auch Steine, Berge, Wüstenland.
Die Menschen dort müssen damit leben.
Sie mühen sich. Sie machen das Beste daraus.
Die einen sind Schaf- und Ziegenhirten.
Die anderen gehen auf die Jagd.
So kommt es, dass Esau ein Jäger wird.
Er geht auf die Jagd.
Er erlegt die Tiere, bringt ihr Fleisch und ihre Felle nach Hause.
Jakob bleibt mehr bei den Zelten seiner Familie.
Er hütet Schafe.
Er bestellt auch Feld und Garten, ist mehr ein Bauer.
Jeder von beiden geht seinen Weg,
muss mit dem Seinen auskommen.

AUFTRETEN – WER BIN ICH?

EINFÜHRUNG

„Bist du heute mit dem linken Fuß aufgestanden?“, so fragen wir jemanden, der schlecht gelaunt oder einfach nicht gut drauf ist.
In dieser Frage spiegelt sich ein intuitives Wissen, wie bedeutungsvoll das „rechte“ Auftreten, das rechte Hineinsteigen in einen neuen Tag ist. Je nachdem, wie ich ihn beginne, sagt der Volksmund, prägt das den ganzen Tag („rechts“ – wie richtig und gut; oder „links“ – wie linkisch und verkehrt).
Es gibt Menschen, die betreten einen Raum, eine Gesellschaft, ein Podium, eine Kindergruppe und sofort herrscht – manchmal auch „betretenes“ – Schweigen. Alle lauschen wie gebannt darauf, was jetzt kommt.

„Das war ein starker Auftritt“, sagen wir, wenn die Begegnung mit einem Menschen uns stark in Anspruch nimmt, Spuren hinterlässt.
Wenn jemand glaubwürdig für eine Überzeugung „eintritt“, wenn er glaubwürdig eine Sache „vertritt“, engagiert für ein Anliegen „auftritt“, so hinterlässt auch hier die Sprache Spuren, die uns auf die Bedeutung des „Auftretens“ in verschiedenen Lebenssituationen verweist.
Es gibt sogar einen eigenen Beruf des Vertreters, Menschen, die uns etwas verkaufen wollen. Sie werden eigens geschult für ihren Auftritt, weil das Auftreten den Erfolg entscheidend mit beeinflusst.
Wir sprechen aber auch von Vertretern verschiedener Glaubensüberzeugungen, Weltanschauungen, politischer Richtungen, Lebenseinstellungen, ..., um Menschen zu charakterisieren, die für etwas Bestimmtes (ein-)„stehen“.

Sehr umfassend spiegelt sich in unserem Auftreten, wofür wir „eintreten“, was wir „vertreten“, wofür wir „einstehen“, letztlich: Wer wir sind.
Die Art und Weise, wie wir gehen, wie wir auftreten, sagt sehr viel darüber, welche und wie uns Wege ins Leben eröffnet wurden und welche uns verschlossen geblieben sind.
So gibt es auch eine Psychodiagnostik, die beim Auftreten, beim Gang eines Menschen ansetzt. Auf recht untrügliche Weise (der Körper kann nicht lügen) „drückt“ sich hier aus, welche „Eindrücke“ das Leben auf uns hinterlassen hat, bis hin zu psychischen Deformierungen.

Auch für weniger Geschulte ist das zugänglich. Wir nehmen z. B. durchaus wahr, wenn jemand ängstlich, unsicher, verletzlich, ohnmächtig, hart, fest, sicher, eindeutig, überzeugend, klar, usw. auftritt oder im Extremfall gar ganz „daneben steht“. Und mit jedem Adjektiv qualifizieren wir auch Eindrücke, die das Auftreten eines Menschen bei uns hinterlässt.

Was die eher ganzheitlich ansetzenden Formen der östlichen Medizin schon immer beachtet haben, wissen wir spätestens seit der Fußzonenreflexmassage auch bei uns: Auf der Fußsohle, dem knapp einen dm^2 großen Körperteil, mit dem wir auftreten, findet sich unser ganzer Körper mit all seinen Teilen, Sinnen und inneren Organen wieder. Ob Augen, Hände, Herz und Nieren, alles wird dort „vertreten". Alles was ich bin „geht" oder „läuft" dort zusammen und findet im „Auftreten" seinen leibhaftigen Ausdruck.

Wenn, wie eingangs erwähnt, das Hineintreten in einen neuen Tag, diesen schon merklich prägen kann, so gilt das umso mehr für meinen „Eintritt" in die Welt bei meiner Zeugung und Geburt. Die biblische Geschichte schließt dabei durchaus schon die Zeugung mit ein (vgl. Gen 25,21) und weiß offensichtlich auch von vorgeburtlichen Prägungen, wie aus der Sorge der schwangeren Rebekka abzulesen ist (vgl. Gen 25,22).

Ganz entscheidend für unser Dasein ist jedenfalls unsere Stellung in der Geschwisterfolge. Ob wir als 1., 2., 3., ... Kind dieser Eltern eintreten in diese Welt, ob es Kinder auch früherer Beziehungen gibt, ... der Kontext unserer Geburt mit den entsprechenden Rahmenbedingungen, die er uns in die Wiege legt, gehört zu den entscheidensten Prägungen, die uns das Leben vor-gibt. Nicht jede und jeder hat eine „Poleposition" (Formel 1) und aus einer hinteren Startreihe schaut der Weg ins Leben anders aus als aus der ersten. Wobei – und das ist wichtig, weil gemeinhin so ganz anders besetzt – die Ziffern 1, 2, 3, ... nicht qualifizieren wollen, sondern nur unterscheiden. Der Weg aus der 2. Position ist jedenfalls anders, was nicht gleichbedeutend ist mit schlechter. Aber das ist evident: Die Startposition drückt dem ganzen weiteren Weg einen „unauslöschlichen" Stempel auf.

So gesehen scheint es berechtigt, die Frage: „Wer bin ich?" mit dem Zeitwort „auftreten" zu verbinden und verschiedene Variationen darin durchzuspielen, auch, um unseren Handlungsspielraum zu erweitern und zu lernen, mich mit meinem je eigenen, unverwechselbaren Weg ins Leben anzufreunden, einen vertrauten Umgang mit ihm (ein-)zuüben.

ZWILLING SEIN - DIE POLARITÄT UNSERES DASEINS

<u>REBEKKA BEKOMMT ZWILLINGE (GEN 25, 21-28)</u>

GEDANKEN

Im Spannungsfeld zwischen den beiden „Polen", zwischen den „Zwillingen" Esau und Jakob, spielt sich unser Leben ab. Beides „verkörpern" wir.
Jede und jeder kann vielfältig auftreten, hat mehrere Gesichter (vgl. Januspuppe). Ich bin auch nicht ein-fach (nur Esau, nur Jakob), sondern zwei-fach, mehr-fach, vielfältig. Und das alles gehört zu mir, ich brauche es nicht zu verstecken.

In der Sprache des Mythos erweist sich der Zwilling als geeignetste Gestalt, das zu thematisieren. Hier tritt uns einerseits die größtmögliche Verbundenheit zweier Wesensanteile von ihrem Ursprung her entgegen und andererseits treten sie doch als Paar auf, was eine eindeutige Betrachtung und Auseinandersetzung mit dem einen oder anderen (Wesens-)Teil erleichtert. Der Mythos bedient sich hier einer Gratwanderung, um komplexe Lebenserfahrungen zu thematisieren, ohne sie zu analysieren, wie es uns heute möglich ist. Der Abgrund auf der eine Seite der Gratwanderung heißt: Esau und Jakob sind zwei verschiedene Personen, der auf der anderen: Esau und Jakob sind ein und dasselbe.
Für den Elementarbereich ist der Mythos, die erzählte Verdichtung von Lebenserfahrung, eine angemessene Form, in diese „geronnene" Erfahrung früherer Generationen einzusteigen, und sie gleichsam als Vehikel für eigene Lebenswege auszuprobieren.

ERZÄHLUNG

Manchmal fragt mich wer: „Sag mal, wer bist du?"
Da überlege ich: „Wer bin ich?"
Da denke ich an meine Eltern und an meine Geschwister.
Da denke ich an all das, was ich kann und was ich gern tue.
Und da merke ich: Es ist gar nicht so einfach zu sagen, wer ich bin.
Ich bin ungeheuer viel, ich bin sehr vielseitig.
Genauso wie die beiden Brüder, von denen wir in der Bibel lesen können.
Doch beginnen wir zunächst einmal erst mit den Eltern, alles der Reihe nach!

Da sind ein Mann und eine Frau.
Der Mann heißt Isaak. Die Frau heißt Rebekka.
Isaak ist 40 Jahre alt, als er Rebekka zur Frau nimmt.
Lange Zeit können beide keine Kinder bekommen.
Da betet Isaak zu Gott für seine Frau.
Ist das nicht wunderbar! Ein Mann betet zu Gott für seine Frau!

Und Gott schenkt ihnen Kinder.
„Kinder sind ein Segen", sagen Menschen.
Ein Segen Gottes und ein Segen der Liebe zwischen Mann und Frau.

❍ Wir können unsere zwei Stab-/ Knotenpuppen ins Spiel bringen. Eine -hell- steht für Jakob. Eine -rot/braun- steht für Esau.
(Eine andere Möglichkeit wäre eine Januspuppe. Sie veranschaulicht den „Zwiespalt" zwischen Esau und Jakob. Für Esau ein dunkles, rauhes, fellartiges Tuch, für Jakob ein helles, glattes, seidenweiches Tuch. Beide Tücher können miteinander verknotet wer-

den. So ergibt sich eine „Janusgestalt“ mit zwei unterschiedlichen Seiten und Gesichtern. Mit ihrer Hilfe kann die Erzählung zusätzlich veranschaulicht werden.)

Rebekka wird schwanger. Und – Zwillinge sind in ihrem Leib.
Zwillinge - das ist nicht einfach. Da geht’s rund.
Stellt euch vor, auf so engem Raum.
Da wird getreten und geboxt.
Einer ist dem andern im Weg und stößt ihn weg.
Das kennen wir doch! (Mit Puppe begleiten.)
Der eine sagt: „He, mach Platz, hinten anstellen!“
Darauf der andere: „Das werden wir ja sehen, schleich dich, hinter mich!“
„Ich bin viel größer und stärker als du!“, spielt sich der eine auf.
„Darauf kommt’s nicht an. Schau wie du ausschaust, ich bin viel schöner und gescheiter“, entgegnet der andere.
„Du nimmst mir den ganzen Platz weg! Ich kann mich gar nicht rühren!“
„Stimmt überhaupt nicht, du hast viel mehr Platz als ich! Ich bin schon ganz im Eck!“

So geht das hin und her und her und hin.
Tja, es ist nicht ein-fach, das Leben.
Rebekka spürt das.
In ihrem Bauch geht es rund, da geht es d’runter und d’rüber.
Vielleicht geht es jeder Mutter so, die schwanger ist.
Rebekka wendet sich in ihrer Not an Gott.
„Herr“, sagt sie, „was soll denn das werden?“
Und Gott versteht sie.
„Mach dir keine Sorgen, Rebekka“, tröstet er sie.
ICH BIN DA.
„Ich halte meine Hand über die Menschen,
auch wenn es unter ihnen d’runter und d’rüber geht.
So ist das Leben.
Es ist nicht einfach.“
Das tröstet Rebekka und macht ihr Mut.
Und es kam die Zeit der Geburt.
Da zeigte es sich, dass sie Zwillinge in ihrem Leib trug.
Und die zwei waren unterschiedlich wie Tag und Nacht.
Der Erste, der auf die Welt kam, war dunkel, rötlich, über und über mit Haaren bedeckt, wie mit einem Fell. Die Eltern nannten ihn Esau.
Darauf kam sein Bruder. Er wollte auch gerne der Erste sein. Aber er hat es nicht geschafft. Seine Hand hielt die Ferse von Esau fest. Deshalb nannten ihn die Eltern Jakob. Das heißt Fersenhalter. Er ist ganz hell, nicht behaart, mit einer glatten Haut.

Später wird Esau ein Jäger werden. Er kann ganz schön wild und rauh sein. Im Wald und im freien Feld fühlt er sich zuhause.
Jakob wird ein Hirte werden. Er kann sanft und ordentlich, aber auch hinterlistig sein. Er hütet das Zelt, das Feuer und die Haustiere, den Garten. Dort fühlt er sich zuhause.

Tja – und wer bin ich nun?
Eigentlich bin ich auch wie Esau und Jakob: Mal bin ich wild, mal roh, mal ordentlich, mal sanft, mal hinterlistig. Alles in einem. Ich bin vielseitig.
Guter Gott, gib mir die Kraft zum Gutsein!

VIELSEITIGE „VOR-GABEN“ UNSERES LEBENS

Wir müssen tagtäglich auftreten, ob wir wollen oder nicht. Dabei ist mit unserem Auftritt sowohl das Auftreten auf dem Boden, als auch das Auftreten(müssen) in unseren verschiedenen Lebensrollen gemeint (als Elternteil, Sachbearbeiter, Vereinsmitglied, etc.).
Letztlich wird in unseren Bewegungen viel über uns und unsere Empfindungen als Träger verschiedener Rollen ersichtlich. Unsere Befindlichkeiten drücken sich unmittelbar über unseren körperlichen Auftritt aus.
Manche Seiten von uns zeigen wir nicht so gerne. Wir halten sie vor der Öffentlichkeit verborgen. Dazu gehören oftmals unsere dunklen, animalischen, triebhaften Seelenanteile, die uns gelegentlich ganz ungestüm überfallen und als „Erstgeborene der Schöpfung“ auch zu ihrem Recht kommen wollen, auch wenn sie noch so in den Hintergrund gedrängt werden.
Gerade unter dem Deckmantel des Spiels, oder dem Schutz einer Verkleidung können sie bearbeitet und der Umgang mit ihnen geübt werden.
Das wäre eine eminent pädagogische Aufgabe, in einem geschützten, kultivierten Raum, den Umgang mit mir, wie ich bin, mit meinen „Licht-“ und „Schattenseiten“ zu üben. So lerne ich, diese Seelenanteile anzunehmen, anzugehen, zu beherrschen, damit ich nicht die Beherrschung verliere. Alles, was unterdrückt, verdrängt wird, fordert über Umwege sein Recht ein und trifft mich dann unvorbereitet und gewinnt gerade so Macht über mich.
Das gilt natürlich wechselseitig: Während der/die eine seine/ihre animalischen, kämpferischen, wilden, männlichen Anteile (Esau) unterdrückt, unterdrückt der/die andere seine/ihre behutsamen, sanften, friedlichen, mütterlichen (Jakob).
Hier ist keine Wertung vorzunehmen. Beides ist da. Fast gleichzeitig, wie die Zwillingsgeburt von Esau und Jakob erzählt. Und beides gehört „kultiviert“, damit uns ein kultivierter Um-gang möglich wird. Meist, so erzählt die Bibel, muss „Esau“ gegenüber Jakob erst schauen, wie er zu seinem Recht kommt.
Über „Deckmäntel“ und in verschiedenen Tier-Rollen kann ausprobiert werden, welche Rolle „Löwe“, „Wolf“, ... „Lamm“, „Katze“, ... in meinem Leben spielen und wie wir einen disziplinierten Umgang mit ihnen einüben können.

WIR TRETEN AUF DEM BODEN AUF

❍ In einer Vorübung spielen wir mit Hilfe des Liedes „Auf den Zehenspitzen geh'n" das Auftreten auf den Boden in unterschiedlichster Weise. Wir üben mit den Kindern ein, dass jedes Ding, jedes Lebewesen und jeder Mensch seinen, ihm eigenen Auftritt hat.

T. u. M.: Thomas Brunnhuber

Weitere Strophen:

2. Leise, wie ein Mäuslein geh'n, das ist schön, ja das ist schön!
   Wenn ich „Stop" dir sage, bleibe leise steh'n! Stop!
3. Schwer, wie ein Nashorn geh'n (...) bleibe stampfend (...)
4. Mutig, wie ein Jäger geh'n (...) bleibe mutig (...)
5. Müde, wie ein Faultier (...) bleibe ganz müd' (...)
6. Leicht, wie eine Feder (...) bleibe schwebend (...)
7. Polternd, wie ein Stein rumgeh'n (...) ganz laut (...)

❍ Auch als Vor- oder Entspannungsübungen zwischendurch können besondere Auftritte durchgeführt werden:
Ein ganz besonderes Auftritts-Erlebnis ergibt sich, wenn wir uns einen bestimmten „Bodenbelag" denken, auf dem wir gehen wollen. (Vgl. oben: Unterschiedliche Nährböden). So können wir uns z. B. vorstellen, dass der Boden eine frisch geteerte Straße ist oder aus heißem Sand besteht oder knöcheltief mit Honig bedeckt ist oder viele Wasserpfützen hat oder überall Kaugummis kleben. Je nachdem, um was für einen gedachten Untergrund es sich handelt, bewegen wir uns durch den Raum. Das macht gewiss großen Spaß!

WIR TRETEN IN DER ROLLE EINES TIERES AUF

In verschiedene Rollen zu schlüpfen, ist schön. Da kann ich ausprobieren, wie es mir damit geht. Manches liegt mir gut, anderes nicht so. Nicht allen liegt alles gleich. Manchmal staune ich über mich, was ich alles an mir entdecke, welch unterschiedliche Rollen ich spielen kann. Das Leben ist gar nicht so einfach. Auch, wenn wir eines besser können, stellen wir fest: Keiner ist einseitig, jeder ist vielseitig (begabt). Menschen treten unterschiedlich auf. Je nachdem, was sie gerade „drauf" haben, je nachdem, was sie von Geburt an mitbekommen haben.

Unter dem „Deckmantel" von Tieren kann Kindern die Möglichkeit geboten werden, Umgang zu üben mit der Polarität ihres Daseins:

- ❍ Da sind einmal ihre dynamischen, animalischen, wilden, aggressiven, triebhaften, blutig-roten, ... „esauhaften" Anteile.
- ❍ Und auf der anderen Seite ihre behutsamen, sanften, zahmen, domestizierten, weichherzigen, unschuldig-weißen, ... „jakobhaften" Anteile.
- ❍ Unter dem Deckmantel der Tiere, in deren Rolle sie schlüpfen, finden die Kinder Schutz vor Entblößung. Ohne dass die Scham verletzt wird, können so animalische, aber auch behutsame Anteile ausagiert und eingeübt werden, Umgang mit ihnen gepflogen werden.

  Hier einige exemplarische „Rollenbilder":

  Ich brülle wie ein Löwe, bocke wie ein Esel, brumme wie ein Bär, bin stachelig wie ein Igel, bin listig wie eine Schlange, bin schlau wie ein Fuchs, schnurre wie eine Katze, hüpfe wie ein Frosch, bin aufgeblasen wie ein Pfau, bin „fromm" wie ein Lamm, bin furchterregend wie ein Wolf, bin wild wie ein Tiger, bin sanft wie eine Taube, bin angepasst wie ein Chamälion, bin stolz wie ein Schwan, bin ängstlich wie ein Mäuschen, bin zerbrechlich und zart wie ein Schmetterling.
  Kinder einladen, in unterschiedliche Rollen zu schlüpfen! Es wird deutlich, dass jeder im Spiel sehr vielseitig sein kann. Im altbekannten „Katz-und-Maus-Spiel", werden diese Anteile schon immer bearbeitet.

WIR TRETEN IN DEN ROLLEN VERSCHIEDENER MENSCHEN AUF

❍ Ähnlich wie der „Deckmantel“ einer Tierrolle, in die ich schlüpfe, bieten auch Verkleidungen Schutz. Das macht wohl ihre Faszination auch für Erwachsene, z.B. im Fasching, aus. Im Schutz der Verkleidung kann ich Anteile von mir (er-, aus-)leben, die ich mir sonst nicht gestatte.
Sicherlich haben wir viele Utensilien, die uns unterschiedliche Auftrittsformen ermöglichen: Faschingsverkleidung, verschieden große Schuhe, Hüte, etc. Jede Kleidung lässt anders auftreten, dazu braucht man nur in diese Rolle schlüpfen. Gottfried Keller schrieb nicht umsonst „Kleider machen Leute“.
Auch innere Befindlichkeiten zeigen sich im Auftreten (Stärke, Schüchternheit, Trauer, Freude, Angst ...). Es ist sicher hilfreich, mit den Kindern diese leiblichen Verkörperungen innerer Zustände in Verbindung mit dem Auftreten nachzuvollziehen und nachzuspüren. Dies kann später in der Begegnung mit Menschen wichtig und wertvoll sein, die innere Vorgänge durch ihr äußeres Auftreten anzeigen.

Im Folgenden kommen sehr unterschiedliche, auch gegensätzliche Gestalten zum Ausdruck. Jede Darstellung sollte daher in ihrer humorvollen oder ernsten Art wahrgenommen und gewürdigt werden:

- Wie tritt ein Seiltänzer, ein Clown im Zirkus auf?
- Wie tritt eine Dame mit hohen Stöckelschuhen auf, wenn ein Stöckel abgebrochen ist?
- Wie tritt eine Gärtnerin auf, die sich um ihre „Blumenkinder“ sorgt, dass sie sich gut entfalten; die ihnen täglich frisches Wasser bringt?
- Wie tritt ein Bauer auf, der die trockene, harte Erde mit einem Pflug umpflügen will, den er selbst ziehen muss?
- Wie tritt ein Königssohn, eine Königstocher auf, der/die eine Krone zum Tragen bekommen hat?
- Wie tritt ein Bettler auf?
- Wie tritt ein Vertreter auf, der uns eine Ware verkaufen will?
- Wie tritt einer auf, der jemanden „übers Ohr hauen“ will, einen „Bären aufbinden“ will?
- Wie tritt ein Dieb auf, der etwas zu verbergen hat?
- Wie tritt ein „Hans-guck-in-die-Luft“ auf?
- Wie tritt ein sehr nachdenklicher Mensch auf?
- Wie tritt ein „Schwarzseher“ (ein Pessimist) auf?
  Der schleppt einen Rucksack mit sich herum, da füllt er täglich hinein:
  Das Leben ist schwer. (Stein einfüllen)
  Das Leben ist hart. (Stein einfüllen)
  Das Leben ist schwer. (....)
  Das Leben ist hart. (....)
  Und so schleppt er sich durchs Leben.

- Wie tritt ein „Hellseher“ (ein Optimist) auf?
  Der trägt einen Rucksack mit sich herum, da füllt er täglich hinein:
  Das Leben ist schön! (Ball einfüllen)
  Das Leben ist leicht (Daunen einfüllen)
  Das Leben ist schön! (Flöte einfüllen)
  Das Leben ist schön! (Seidentuch-Blumen .....)
- Wie trete ich auf, wenn ich Erster, wenn ich Zweiter geworden bin? Wie tritt ein Gewinner, wie ein Verlierer auf?
- Wie tritt ein Erstgeborener auf, der der Nachfolger des Vaters wird, wie ein Zwillingsbruder, der leider „zu spät“ geboren wurde (als Zweiter und zugleich Letzter)?
- Der Sohn eines Steinbruchbesitzers bekommt von seinem Vater viel Steinmaterial mit. Was kann er damit tun? (Pflastern, Burg bauen, Mosaik legen.) Er nutzt die Chance, Steine zu haben.

LEBENSRÄUME

Die Bibel ist, was die unterschiedlichen Lebensräume von Esau und Jakob betrifft, sehr prägnant und verwendet jeweils zwei halbe Verse dafür, um beide gestochen scharf zu charakterisieren:

„Die Knaben wuchsen heran. Esau war ein Mann geworden, der sich auf die Jagd verstand, ein Mann des freien Feldes.“ (Gen 25, 27a)
„Jakob war ein untadeliger Mann und blieb bei den Zelten.“ (Gen 25, 27b)

Diese äußerst prägnante Charakterisierung gibt uns die Bibel mit auf unseren Weg, uns mit Esau und Jakob weiter auseinanderzusetzen.
Dazu kommt die Farbe ihrer Haut: rot und weiß, mit der sie seit ihrer Geburt gekennzeichnet sind. Wird die Hautfarbe Esaus bei seiner Geburt ausdrücklich genannt, lässt sich auf die Jakobs nur indirekt schließen. Im Gegensatz zu Esau wird er „blutleer“ und blass beschrieben und aus dem Wort untadelig, makellos, „unbefleckt“, darf zurecht auf weiß (hellhäutig) als gegensätzliche Hautfarbe geschlossen werden.

Zu diesen Einfärbungen schreibt E. Drewermann in seinem Buch „Schneeweißchen und Rosenrot“:
„Die Farben „Rot“ und „Weiß“ sind psychologisch Seelenfarben, Färbungen der Seele in ihrer Gegensätzlichkeit und Einheit:
„Rot“ steht farbpsychologisch für kraftvolle Vitalität und lebhafte Unternehmensfreude,
„Weiß“ für den Willen nach Reinheit und Zurückhaltung.

Beide Farben, als psychologischer Ausdruck, repräsentieren den stärksten psychischen Konflikt, der sich überhaupt nur vorstellen lässt: den Widerstand
zwischen Extraversion und Introversion (C. G. Jung)
zwischen Erfahrung und Unschuld

zwischen Fülle und Reinheit (N. Hartmann)
zwischen Veränderung und Bewahrung.
Beide Pole des Daseins schließen sich nicht aus, sondern gehören zusammen, führen aber stets die Gefahr der Vereinzelung in sich. Es handelt sich tatsächlich um die größte Lebenskunst und Aufgabe, „Rot“ und „Weiß“ im eigenen Leben in einer Art „Fließgleichgewicht“, einer Synthese von Bewahrung und Veränderung miteinander zu versöhnen.
Dem ist wenig hinzuzufügen.

Esau ist der Jäger, der „Aggressive“, der das Leben angeht, der sich aktiv „das Leben nimmt“. Er steht im Bannkreis des Vaters. Er repräsentiert, was tiefenpsychologisch mit „animus“ (C. G. Jung) umschrieben wird, in der fernöstlichen Philosophie mit „Yang“ und gehirnphysiologisch durch die linke Hemisphäre abgedeckt wird.

Jakob ist der Hirte, der Behütete und Behutsame, der immer auf der Hut ist, der sich deswegen auch nicht aggressiv und aktiv das Leben nehmen kann. Nach außen das Unschuldslamm, untadelig, wartet er still und „heim“-lich zuhause auf seine Chance. Er steht im Bannkreis der Mutter. Tiefenpsychologisch repräsentiert er die „anima“, fernöstlich „Yin“ und wird durch die rechte Hemisphäre im Gehirn abgedeckt.
Und das alles findet sich, im Mythos verdichtet, in kaum zwei Zeilen.

Was hier so komprimiert dargestellt wird, versuchen wir Kindern auf zwei Ebenen zu entfalten:

1. Zunächst auf der Ebene des „Wohnens“, des bevorzugten Lebensraumes, des sich heimisch, sich zuhause Fühlens, der „Brennpunkte“, um die sich ihr Leben gestaltet.
   Daraus ergeben sich dann die jeweiligen „Schau-plätze“, die „Hintergründe“, auf denen sich die weitere Geschichte abspielt.

2. Später auf der Ebene des „Habens“, auch im Sinn von „Vermögen“, was ich vermag und kann, der bevorzugten Lebensweise (im nächsten größeren Abschnitt).
   Dabei wird uns in diesem Abschnitt der Stock leiten, der sowohl Zelt- und Hirtenstab, als auch Speer und Lanze, also Jagdgerät, sein kann. Über beide definiert sich entscheidend die bevorzugte Lebensweise.
   Beide, Stock und Stab, gehören zusammen, miteinander versöhnt, was uns später in der Gestalt des Kreuzes wieder begegnen wird.

Der Auftritt im Lebensraum kann sich – dem Charakter entsprechend – sehr gegensätzlich gestalten: entweder in der „Ausuferung“ (excedere – exzessiv: ausschreitend) oder in einer „Einfriedung“; entweder, wenn man „aus dem Häuschen“ ist oder wenn man „im Häuschen“ ist.

„Die Knaben wuchsen heran.“ (Gen 25,27a)
„Esau war ein Mann geworden, ein Mann des feien Feldes.“ (Gen 25,27b)
„Jakob war ein untadeliger Mann und blieb bei den Zelten.“ (Gen 25, 27c)
Nachfolgend geht es um den Stamm-Platz. Er ist der bevorzugte Lebensraum. Jedes Menschenkind kann viele Stamm-Plätze haben: den Sitzplatz am Tisch, auf dem Sofa, im Auto; den Schlafplatz im Bett; den Spielplatz im Zimmer oder im Freien, den Arbeitsplatz am Schreibtisch; usw.
Esaus Stamm-Platz ist das freie Feld. Jakobs Stamm-Platz ist das Zelt oder der Zeltplatz.
Mit den Kindern erspielen wir zunächst uns bekannte Stamm-Plätze, bevor wir die Lebens- und Lieblingsräume der biblischen Zwillinge ins Auge fassen.

VIELES HAT SEINEN FESTEN PLATZ

❍ In einem Korb hat der/die Leiter/in Dinge gesammelt, die ihren eigenen, festen Platz bzw. Ort im Zimmer haben. Wir sagen dann, das ist ihr Stamm-Platz. Die Kerze, der Baustein, der Teller, das Bild, jedes Ding hat seinen Platz, von wo es her-stammt. Die Kinder sollten den Stamm-Platz der Dinge kennen, benennen und auffinden können.
Der Korb ist mit einem Tuch bedeckt. Ein Kind greift in den Korb und darf einen Gegenstand herausnehmen. Wir lassen den Gegenstand – in einem Liedvers – nach seinem Stamm-Platz fragen:

T. u. M.: Thomas Brunnhuber

❍ Das Kind benennt den Ort, wo der Gegenstand hingehört, wo er sonst immer steht, liegt oder hängt und bringt ihn dort hin. Dabei können wir singen:
„Ich kenn deinen Stammplatz, dort gehörst du hin.
Ich kenn deinen Stammplatz und bringe dich dort hin“.

Das Spiel wird fortgesetzt, bis alle Dinge ihren festen Platz wieder eingenommen haben.

MEIN PLATZ IM RAUM

Viele Kinder bevorzugen im Raum bestimmte Plätze.

- Die Kinder werden aufgefordert, sich im Raum umzusehen und sich dort hinzuzustellen, wo sie besonders gerne sind. Sie zeigen so ihren Lieblingsplatz - Stammplatz an, erzählen, warum sie dort gerne sind. Dazu können wir singen:
  „Ich hab einen Stammplatz, wo ich gerne bin.
  Ich hab einen Stammplatz, dort geh ich jetzt mal hin".

- Kinder nehmen auch im Stuhlkreis gerne bestimmte Plätze ein. Sie bestehen auf ihren Sitzplatz.
  Wir nehmen bewusst den Platz wahr, auf dem wir sitzen, den wir be-sitzen.

- Wir verlassen den Platz, gehen im Raum umher, um dann auf ein Klangzeichen hin unseren alten Platz, Stammplatz, wieder einzunehmen. Dazu eventuell Liedruf:
  „Ich hab einen Stammplatz, ich verlasse ihn.
  Ich habe einen Stammplatz, ich such, ich finde ihn".

MEIN PLATZ ZU HAUSE

Zu Hause gibt es auch vielfach feste Plätze für den Vater, die Mutter, für das Kind, seine Geschwister: Essplatz - Schlafplatz - Spielplatz - Arbeitsplatz.

- Vielleicht „träumen" wir noch ein wenig zu leiser Musik von unserem Lieblingsplatz zu Hause.

- Jedes Kind sucht sich ein farbiges Rhythmiktuch aus oder wird nach seiner Lieblingsfarbe gefragt, erhält es und legt es an seinen Platz in einer Hausform ab. Es soll an das Zuhause erinnern. Dann gestaltet es in diesem Haus seinen Lieblingsplatz (evtl. sein Zimmer, Tisch) aus, schmückt ihn - und vielleicht das ganze Haus - mit farbigen Legeteilen. Wenn es die Situation zulässt, dann kann schließlich jeder etwas davon erzählen.

GEBET

Guter Gott!
Danke für mein Zuhause.
Danke für Mutter und Vater,
von ihnen stamme ich ab.

Danke, dass ich einen Platz habe,
wo ich wohne, wo ich esse, wo ich schlafe.
Danke, dass ich einen festen Platz habe
auf dieser großen, weiten Welt. Amen

ESAUS UND JAKOBS LEBENSRAUM - ERZÄHLUNG ZU DEN BIBLISCHEN GESTALTEN

Die folgende Gestaltung und Erzählung wird im Elementarbereich einen Zeitraum von mehreren Tagen beanspruchen. Das Mitgehen der Kinder, ihre Fragen, Ideen, ihre Spiel- und Gestaltungsfreude werden bestimmend sein.

DAS ZELT

- ❍ Wir gestalten ein Zelt. Als Möglichkeiten bieten sich an:
  - ein Tisch, den wir mit Stoffbahnen, Decken behängen
  - Stangen, Stoffbahnen, Decken die wir nach Art eines Indianerzeltes gestalten
  - Stoffbahnen, die wir an der Zimmerdecke befestigen und zeltförmig herabhängenlassen.
- ❍ Wir nehmen in diesem Zelt Platz und erspüren gegenseitige Nähe, Geborgenheit, Schutz.
- ❍ Wir spielen leibhaft Zelt. Mehrere Kinder bilden mit dem Körper, den Händen ein Zelt und beschützen das Kind, das darin wohnt.
- ❍ Wir können die alte Vorstellung in Erfahrung und Sprache bringen: „Den Himmel hast du (Gott) ausgespannt wie ein großes Zelt, darunter dürfen wir wohnen".

ERZÄHLUNG

Esau und Jakob, ihre Eltern Isaak und Rebekka wohnen in Zelten. Sie bleiben eine Zeit an einem Ort und ziehen dann wieder weiter an einen anderen Ort mit allem, was sie haben, vor allem mit ihren Tieren, Schafen, Ziegen.
Das Zelt gibt Schutz vor der Sonne, der Hitze, aber auch vor dem Wind, dem Regen, der Kälte. Am Abend im Zelt zusammenzusitzen ist schön. Da ist es warm, da fühlt man sich geborgen, behütet.

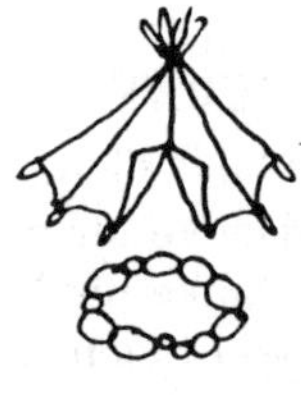

DIE FEUERSTELLE

- ❍ Wir gestalten vor dem Zelt mit Steinen einen Kreis. Die Kinder äußern sich, woran sie das Bild denken lässt: Brunnen, Feuerplatz.

❍ Rote, gelbe Rhythmiktücher pyramidenförmig aufgestellt, bestimmen das Bild zum Feuerplatz.
❍ Wir spielen mit den Händen Feuer und Flamme: flackern, züngeln, lodern ...

ERZÄHLUNG

Das Feuer muss gehütet werden bei Tag und Nacht. Am Feuer kochen die Mutter Rebekka und ihre Mägde das Essen. Das Feuer spendet Wärme, Licht in der Nacht. Es hält die wilden Tiere von den Zelten ab, den Wolf zum Beispiel.
Jakob (Knotenpuppe) ist gern bei den Zelten, beim Feuer. Er hat es gelernt, das Feuer zu entzünden und zu hüten. Er liebt es, beim Feuer zu sitzen, sich daran zu wärmen, die Hände zu reiben. Er hört gerne zu, wenn am Feuer Geschichten erzählt werden.

GARTEN - PFERCH - WEIDELAND

❍ Um unseren Zeltplatz gestalten wir kultiviertes Land: Feld, Garten (für das Gemüse, z.B. Linsen oder Obst), einen Pferch, Weideland für das Vieh (Schafe und Ziegen, Hirtenhund), Brunnen – alles eingegrenzt, eingezäunt, „eingefriedet".
Menschen, die das Behütetsein durch das Feuer und in ihrem Zelt erfahren haben, können auch ihr Land behüten, behutsam damit umgehen. Wer Behutsamkeit gelernt hat, kann mit allem behutsam umgehen.
So wird das Land zum Kulturland, zum Acker, zum Feld, zum Garten.

ERZÄHLUNG:

Jakob (Knotenpuppe) ist, wie gesagt, gerne bei den Zelten. Was wird er wohl von der Mutter, den Mägden alles lernen und bald selber können?
Er lernt Essen kochen, den Garten, das Feld bestellen, Säen, Pflanzen, Ernten. Vor allem aber lernt er die Tiere hüten, die Schafe und Ziegen. Er lernt Kräuter kennen, die Medizin sind für Tier und Mensch.

❍ Mit einem (Hirten-)Lied, einer Melodie, „stimmen wir uns ab" auf den Lebensbereich des Jakob. (Die Melodie könnte schließlich auf einer Flöte gespielt werden, die danach in diesen Lebensraum gelegt wird.)

T. u. M.: Thomas Brunnhuber

Den Begriff „Tiere“ können wir durch konkrete Namen ersetzen: Schafe, Ziegen, Pflanzen, Blumen, Früchte, usw. Der Mut ist der Mut zur Ausdauer, zum Aushalten, der Mut zu kleinen Schritten.

FREIES FELD - WALD - WILDNIS

- Um das kultivierte Land gestalten wir mit Stoffbahnen, Rhythmiktüchern, Steinen, Ästen, Wurzeln, Berge und Schluchten, Wald und Wildnis.
- Wir bevölkern die Wildnis mit Tieren: Wildschwein, Eule, Wolf, Luchs, Bär, Hirsch und Reh.

ERZÄHLUNG:

Esau (Knotenpuppe) ist anders als Jakob. Er bleibt nicht bei den Zelten, beim Feuer, bei der Mutter. Er streift durch das Land, durch Wald und Feld. Er liebt die Wildnis. Tagelang ist er oft unterwegs. Sein Gewand ist ein Tierfell. Er trägt Pfeil und Bogen, einen Speer. Er weiß, wo der Bär seine Höhle hat. Er kennt die Verstecke der Tiere. Er kann ihre Spuren im Sand, auf dem Boden lesen. Er ist ein Jäger. Manchmal tötet er auch ein Tier. Er bringt das Fleisch zu den Zelten, nach Hause, damit sie zu essen haben. Das Fell dient als Decke für den Schlaf. Wenn er unterwegs ist, isst er Pilze und Beeren und die Früchte der Waldbäume, Nüsse. Sein Vater Jakob ist stolz auf ihn, den Erstgeborenen.

- Mit einem Jagdlied, einem „Kriegsgesang“ (zum Mutmachen) stimmen wir uns ab auf den Lebensbereich des Esau. Eine Trommel aus Tierfell gibt den Rhythmus vor.

T. u. M.: Thomas Brunnhuber

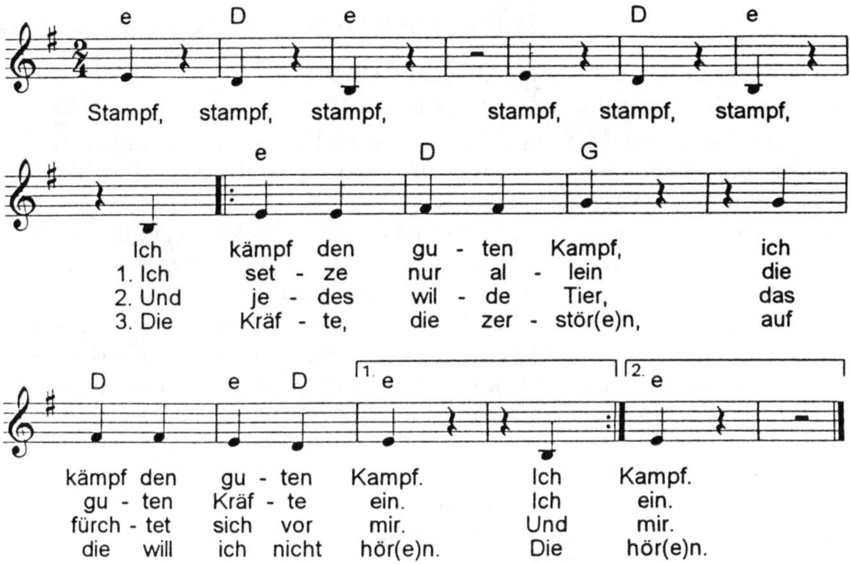

GEBET

Es ist schön, auf dieser Erde zu sein,
ein Dach über dem Kopf zu haben,
ein Zuhause,
ein Bett,
einen Ofen, der wärmt,
vielleicht auch einen Garten,
wie Jakob.

Es ist aber auch schön,
herumzustreifen,
in Wiese, Wald und Feld,
Abenteuer zu suchen,
Entdeckungen zu machen,
zu leben wie Esau.

Danke, Gott für beides.
Danke für alles.
Danke für das Leben.
Es ist schön. Danke.

LEBENSWEISEN

WIR ERSPIELEN DIE MITGIFT JAKOBS UND ESAUS: STAB, STOCK

„Esau war draußen auf der Jagd." (Gen 25,27b)
„Jakob behütete zuhause das Zelt." (Gen 25,27c)

Der eine wurde ein Hirte und Bauer, der andere ein Jäger und Sammler. Mittels eines Stabes bzw. Stockes sollen diese Charakterzüge bzw. Persönlichkeitsmerkmale herausgearbeitet werden.
Das Auftreten mit einem Stock ist besonders reizvoll, denn man kann diesen in unterschiedlicher Weise einsetzen: als Wanderstab, als Balancierstange, als Stützstock, als Blindenstock, als Lanze, als Kampfstock.
Ein jeder hat einen Stecken zur Hand: Der eine braucht ihn als Hirtenstab (auch brauchbar als Zeltstab), der andere benötigt ihn als Schlag- oder Wurfstock. (Vgl. Ps 23, 4: Dein Stock und dein Stab geben mir Zuversicht.)

ANSCHAUUNG

❍ Die Kinder schließen die Augen. Sie befühlen die beiden Stecken: Der eine ist abgeschält, ganz glatt, hell, abgerundet. Der andere ist mit einer Rinde, rauh, rissig, dunkel.

❍ Die zwei Stecken werden in die Mitte gelegt. Wir überlegen, was uns zu beiden einfällt:
- zu ihrem Aussehen;
- wem der einzelne Stock wohl gehören mag, dem Esau, dem Jakob;
- was Jakob und Esau mit ihrem Holz jeweils tun.

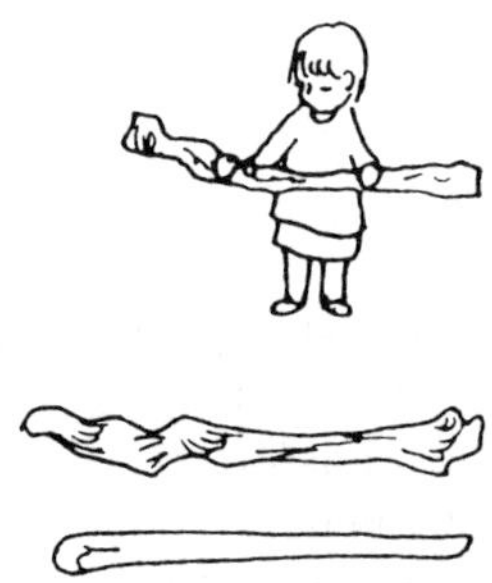

Die beiden Stecken können jetzt Esau und Jakob verkörpern und uns durch die Geschichte begleiten. Sie helfen, diese zu veranschaulichen und besser zu begreifen. Wichtig ist, den Jagdstock nicht abzuwerten. Im Vordergrund steht nicht das Töten, sondern das Disziplinieren – ein disziplinierter Umgang, das Beherrschen – ein beherrschter Umgang. Dieser ist zu erlernen, um nicht die Beherrschung zu verlieren, nicht beherrscht zu werden.

❍ Wir suchen mit den Kindern entsprechende Stöcke, bzw. sie erhalten jeweils einen. Sie dürfen wählen, einen abgeschälten, glatten Jakobsstock oder einen rauhen Esaustock. Die Stöcke sollen ca. so groß wie das Kind sein, wenn es mit ausgestreckten Armen dasteht und so dick, dass der Stock mit den Händen gut angefasst werden kann. Vielleicht haben Väter mitgeholfen, für ihr Kind einen entsprechenden Stock zu finden und zu bereiten.

WIR LERNEN MIT ESAU KÄMPFEN

Es sind dazu Spielregeln nötig, die eingeführt und unbedingt eingehalten werden müssen. Absolute Freiwilligkeit ist gefragt. Es kann sein, dass Kinder nur zuschauen wollen, bzw. dass sie ihren Esaustock mit einem Jakobsstock wechseln wollen, wie auch umgekehrt. Zum Spiel können Handschuhe angezogen werden.

- ❍ Unter Einsatz des Stockes gehen wir zunächst schweigend zu einem „Kampfplatz". Dort stampfen wir zuerst einen Rhythmus - jeder für sich – , dann einer nach dem anderen bis der „Stampfkreis" geschlossen ist. Ebenso hören wir wieder auf: Einer nach dem anderen.

- ❍ Mit dem Stock kann man kämpfen: Zwei stehen sich gegenüber, halten ihren Stock jeweils ein wenig schräg und stoßen so in der Mitte ihrer Stöcke zusammen (auf einen guten Stand achten!). Man kann auch an den Enden zusammenstoßen - links oben, rechts unten, linkes Ende nach unten drehen, links unten, rechts oben, rechtes Ende nach unten drehen ...

- ❍ Zwei nehmen miteinander zwei Stöcke an den Enden, halten sie parallel zueinander und schlagen einen Takt: auf den Boden - die beiden Stöcke zusammen – auseinander – wieder auf den Boden usw.; die anderen versuchen, in die Öffnung der beiden Stöcke zu springen und wieder heraus ...

WIR LERNEN MIT JAKOB BEFRIEDEN

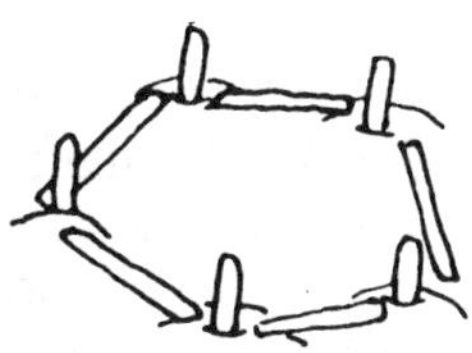

- ❍ Wir bilden mit unseren Stöcken einen Zaun, eine Einfriedung, d.h. einen Platz, wo Frieden herrscht, wo man in Sicherheit und Frieden lebt.
  - Wir können die Stöcke im Freien auch in den Boden einstecken oder auf ihn ablegen.
  - Wo gibt es solche geschützten Plätze?
  - Ein Garten, ein Dorfplatz, ein Kindergarten.

❍ Draußen herrscht die Wildnis. Da geht es wild zu. Da ist es fürchterlich. Da lernt man das Fürchten. Da gibt es wilde Tiere, die einen fürchten lassen.
Einzelne Kinder spielen wilde Tiere. Sie bekommen eventuell ein Fell, eine Decke umgehängt.
Auch hier gibt es Spielregeln, die einzuhalten sind.
Das Kind kann von drinnen nach draußen, um probeweise das Fürchten zu lernen, den Umgang mit der Wildnis zu üben. Es kann auch jederzeit wieder durch den Zaun in die Einfriedung schlüpfen. Der Zaun lässt die Wildnis aber nicht herein und bietet so Schutz für das Kind.
Das Spiel hat Ähnlichkeit mit dem beliebten Katz- und Mausspiel. Aggressivsein dürfen, aber auch in Ruhe gelassen werden, in Sicherheit sein, beides wird zur Geltung gebracht.

EIN WEITERES BEHÜTUNGSSPIEL

Wir fanden die Anregung dazu bei W. Longardt, K.W. Vogel: Den eigenen Weg entdecken.
Das Spiel vermag unsere behutsame Seite, unsere Hütersorge zu aktivieren.
Die Spielanweisung lautet:

❍ Kommt zu viert oder zu fünft zusammen. Gebt einander die Hände. Denkt an all die guten Dinge, die ihr zusammen erlebt habt. Schaut auf die anderen Kinder, die mit euch im Kreis stehen und denkt an all die Dinge, die ihr an den Kindern mögt. Stellt euch vor, dass die freundlichen Gefühle die ihr füreinander habt, durch eure Hände hindurchfließen, so dass eure Hände vielleicht ganz warm werden. (eine Weile Zeit)

❍ Nun geht eine/r aus jeder Gruppe in die Mitte des Kreises, die anderen halten ihre Hände wie ein kleines (Himmels-) Zelt über das Kind.

Stellt euch vor, dass die Kraft des Himmels von euren Händen auf das Kind in der Mitte übergeht. Ihr könnt euch vorstellen, dass lauter kleine glitzernde Regentropfen auf dieses Kind fallen, die ihm Kraft und Hoffnung für sein Leben geben. Und das Kind in der Mitte kann anfangen, tief zu atmen, um all diese Kraft mit jedem Teil seines Körpers aufzufangen, und es kann diese liebevolle Aufmerksamkeit der anderen Kinder schön genießen. (wieder eine Weile Zeit)

❍ Dann sollen die Kinder im Kreis ihre Hände ein wenig ausschütteln und einen Augenblick ruhig stehen bleiben, damit das Kind in der Mitte spürt, dass es etwas Wichtiges für sein Leben mitnehmen kann: die Kraft und den Segen des Himmels und die freundlichen Gefühle und Wünsche von uns Menschen auf der Erde.

❍ Mit diesem Ritual und einem Gebet könnten einzelne Tage der Begegnung mit der Jakob/Esau Geschichte immer wieder abgeschlossen werden.

STAB UND STOCK ZUM KREUZ VEREINEN

❍ Wir legen Jakobs Stab und Esaus Stock in der Kreismitte kreuzförmig ab. Die Kinder werden im Bild das Kreuzzeichen erkennen. Wir werden überlegen, wo wir es überall finden.

❍ Wir denken es aus unserer Geschichte heraus:
Eigentlich können auch wir beides. Wie Jakob mit seinem Stab umgehen und wie Esau mit dem Stock hantieren. Jeder von uns ist nicht einseitig sondern vielseitig!
(Beide Seiten in sich zu entdecken ist sehr wichtig und wertvoll, die des Hüters und die des Jägers. Die zwei gehören zusammen, beide können wir in uns stärken und pflegen).

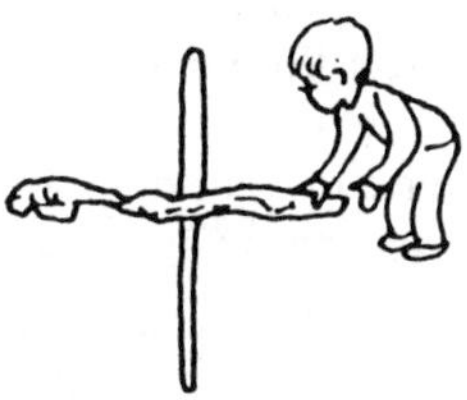

❍ Wir schmücken das Kreuz mit Legematerial. Vielleicht suchen wir für jeden Stock eine bestimmte Farbe.
Wir umschließen das Kreuz mit einem Kreis, Kranz. Dazu können wir Seile verwenden, aber auch eingerollte Rhythmiktücher oder wiederum Legematerial.
Kreuz und Kreis stehen in doppelter Weise für Einheit, Ganzheit. Wir vollziehen im spielerischen Gestalten, was tagtägliche Aufgabe ist, rund, ganz werden.

GEBET

Guter Gott!
Danke für das Leben,
für die Kraft zum Leben,
die Lebenskraft,
die Mutmachkraft.

Danke, dass wir wie Esau sein können,
stark und manchmal sogar wild.
Danke, dass wir wie Jakob sein können,
wie ein Hirte, der hütet und sorgt.
Lass jede Kraft in uns wachsen. Amen.

ÜBERLISTEN – WIE WERDE ICH GLÜCKLICH?
(Gen 25,29–34; 27,1–40)

EINFÜHRUNG

„Wie werde ich glücklich?“, diese Frage müsste erweitert werden und präzisiert werden: „Wie werde ich als Mensch, der sich seiner Endlichkeit, seiner Begrenztheit, seiner Geschöpflichkeit bewusst wird, glücklich?“

Diese Frage treibt die Autoren der Bibel auf der Suche nach einem adäquaten Menschenbild von Anfang um. Es ist dieselbe Frage, die in der paradiesischen Versuchungsgeschichte thematisiert wird:

Der Mensch wird sich seiner Geschöpflichkeit und damit seiner Endlichkeit bewusst. Er erfährt, dass er abhängig ist, verwiesen auf seinen Schöpfer.
Er ist nicht selbst der Grund und Ursprung seines Daseins.
Schon immer war „Jemand“ vor ihm da, auf den er verwiesen ist, von dem sein ganzes Leben abhängt.
Der Mensch, der sich so seiner Geschöpflichkeit bewusst wird, ist in diesem Sinn „der ewige Zweite“.

Von daher treibt den Menschen die quälende Frage um: Wie kann ich als „ewiger Zweiter“ glücklich werden?
Diese Frage des Menschen von Anfang an, von dem Zeitpunkt an, wo er sich seiner selbst als Geschöpf bewusst wird, diese Frage treibt auch den Jakob, den „ewigen Zweitgeborenen“ um.
Über das biblische Urelternpaar Adam und Eva und über die Stammeltern Isaak und Rebekka, den späteren Stammvater Jakob/Israel, ist diese Frage auch uns ins „biblische Stammbuch“ geschrieben.

Schon Adam und Eva sind der „schleichenden“ Versuchung unterlegen, mittels einer List der Schlange, den Makel des ewigen Zweiten loszuwerden. Es ist der sich immer und immer wieder abspielende hinterlistige und in der Folge meist auch gewalttätige Versuch des Menschen, nach der Herrschaft über sich, seine Brüder und Schwestern, die Welt und Gott zu greifen. Immer wieder ist er versucht, mit Gewalt den Makel des ewigen Zweitgeborenen zu überwinden und sich selbst an die erste Stelle, die Stelle Gottes zu setzen, Herr zu sein über das ganze Leben, über Gut und Böse, den Baum des Lebens und der Erkenntnis in den Griff zu „kriegen“!
Die Frucht dieser Versuchung ist unstetes Herumirren (vgl. Jakob), sind Leid und Tod, auch der, den Menschen über Menschen immer wieder gewaltsam herbeiführen, wie wir es bei uns in Europa in den letzten Jahren wieder so schmerzvoll erfahren haben.

„Jenseits von Eden“, jenseits der paradiesischen Gottunmittelbarkeit, muss der Mensch schmerzhaft und unter Mühsal auf einem langen Weg, oft über

Umwege, neu lernen, Gott als Schöpfer anzuerkennen und unter seiner Herrschaft die eigene Beziehung zu den Brüdern und Schwestern neu zu ordnen. Wie das gehen kann, dafür steht in der Bibel modellhaft die Geschichte von Jakob, dem Zweitgeborenen. Nicht umsonst wird er später, nach einem langen Lern- und Reifungsprozess, mit seinem neuen Namen „Israel" dem ganzen Volk Gottes Namen und damit Identität verleihen. Darin spiegelt sich das Modellhafte dieser Geschichte auch recht deutlich. Das Los des Jakob ist das eines jeden von uns, das Los, als Geschöpf schon immer Zweiter zu sein.

Das auszuhalten, damit „hauszuhalten", damit Frieden zu schließen ist für den Menschen offensichtlich unendlich schwer. Und so scheint ihm fast kein anderer Ausweg zu bleiben, als immer wieder in die alte Ursünde zurückzuverfallen, nämlich mit List und Gewalt sich des „Ersten" zu bemächtigen, seinen „existentiellen Mangel von Anbeginn", zu beseitigen. Einen anderen Ausweg sieht auch Jakob zunächst nicht. Das ist durchaus tröstlich, zumal er später trotz allem von Gott als „Israel" zum Stammvater des ganzen Gottesvolkes erwählt wird.

Bis dorthin ist es jedoch noch ein weiter Weg. Vorher regrediert Jakob gewissermaßen in die Ursünde des Menschen, der „eigen-mächtig" versucht, seinen existentiellen Mangel, seine Erfahrung der Verwiesenheit selbst in den Griff zu „krieg-en".
Wie Adam und Eva versucht auch Jakob mit List, sich einzuverleiben, was er selbst nicht ist.
Die Erfahrung des „existentiellen Mangels" jedes Geschöpfes stößt dabei offensichtlich immer wieder an zwei Grenzen:
- An eine „Grenze des Habens", eine „Grenze im Vermögen".
- An eine „Grenze des Seins", eine „Grenze in der Liebe" und im Geliebtsein, wo ich in meiner Personalität angesprochen bin.

GRENZEN IM „VERMÖGEN"

Grundsätzlich gibt es dabei drei Grundformen, mit Erfahrungen von Grenzen, von Defiziten umzugehen:

FRIEDLICHE FORM: HANDEL, TAUSCH

Der Tauschhandel war früheren Kulturen ganz eigen. Es ist gut nachvollziehbar, dass z.B. ein „Hirte" und ein „Jäger" in einen Tauschhandel treten. Dabei können Gemüse (Linsen), Obst, Stoffe, Tonwaren, Werkzeug, Haustiere, usw., gegen Wildpflanzen, Kräuter, Beeren, wilden Honig, Waffen (Faustkeile, Messer, Lanzen), Edelsteine, Wildbret, usw., getauscht werden.
Das einzuüben stellt einen großen Wert dar und kann den Kindern als Kompetenzsicherung oder - erweiterung dienen (Lied: Gibst du mir, dann geb ich dir)

T. u. M.: Thomas Brunnhuber

GEWALTSAME FORM: KAMPF, KRIEG

Diese Form, mit Grenzen und Defiziten umzugehen, ist bis heute leider weit verbreitet und selten zu-frieden-stellend. Denn einer unterliegt, wird besiegt und bei einer Unentschiedensituation werden zumindest viele Dinge zerstört, die sehr wertvoll sind.
Die biblischen Geschichten verschließen nicht die Augen vor dieser Realität. Auch eine ganzheitliche Pädagogik spaltet widerständige Teile der Wirklichkeit nicht ab. Sie soll in ihrer Gesamtheit betrachtet und bearbeitet werden (Stichwort: Kontrollierte Aggression). Dadurch kann ein angemessener Umgang geübt werden. Das gilt in besonderem Maße auch für die gewalttätigen Umgangsformen.

HINTERLISTIGE FORM: LIST, BETRUG

Im Zusammenhang damit stehen Wörter wie: Hinterlistig, hinterhältig (etwa nicht offen vortragen), hinterkünftig (jemandem von hinten kommen, hintergehen, hinterrücks in den Rücken fallen), hintertreiben (etwas hinten herum treiben, anzetteln), hinterfotzig (ein Gesicht hinter dem Gesicht, ein „zweites" Gesicht, Wesen).
Die List ist die gemeinste Form des Umgangs miteinander, denn das Hinterlistige ist nicht fassbar, wie beim Handel und Kampf. Ihr ist deswegen schwer beizukommen.
Jakob wird in Gen 25,26 von Anfang an als „Fersenhalter" bezeichnet. Wenn jemand einem anderen die Ferse hält, dann muss er von hinten herankommen. Er hintergeht den anderen. Er ist der „Hackselsteller", der von hinten den anderen zu Fall bringt (was man sehr leicht praktisch ausprobieren kann...)

Dem Umgang Jakobs mit Grenzen im „Vermögen“ ordnen wir die Erzählung von der Erlistung des Erstgeburtrechts zu. (Gen 25,29-34) Die Erzählung wiederum erfolgt in Verbindung mit einer entsprechenden Schauplatzgestaltung.

SCHAUPLATZGESTALTUNG

Jakobs und Esaus Lebensraum werden nochmals ins Spiel gebracht, erzählerisch und als Bild, vielleicht vereinfacht, da ja entsprechende Vorstellungen bei den Kindern bereits vorhanden sind.

ERZÄHLUNG

Manche Erzählpassagen lassen sich mit den Kindern gestenhaft mit vollziehen. Einzelne Sätze, wie z.B. „Nein, das will ich nicht!“ können Kinder wiederholen, sodass sie mit Herz, Hand, Mund, Verstand an der Geschichte teilhaben. Auch unsere Stab-/Knotenpuppen könnten in einen gegenseitigen Dialog treten.

Jakob war ein Bauer und Hirte.
Das Zelt und der eingezäunte Platz waren sein Zuhause.
Er lernte das Feuer hüten.
Er lernte kochen. (Rotes Linsengericht ins Spiel bringen.)
Er lernte Zelte bauen.
Er lernte Gemüse pflanzen.
Er lernte Schafe hüten.

Esau war ein Jäger geworden.
Der Wald und das freie Feld waren sein Zuhause.
Er lernte mit dem Speer wilde Tiere erlegen.
Er lernte mit Pfeil und Bogen schießen.
Er lernte Beeren und Pilze sammeln.
Er lernte wilden Honig von Bäumen holen.
Er lernte aus Quellen frisches Wasser schöpfen.

Jakob beneidete Esau um sein abenteuerliches Leben.
Esau war mutig und draufgängerisch.
Esau war immer der Erste.
Jakob war immer der Zweite.
Schon immer war das so.
Schon bei der Geburt.
Da hielt Jakob sich an der Ferse von Esau fest.
(„Jakob“ heißt deshalb auch „Fersenhalter“.)
Jakob wollte auch der Erste sein.
„Ich muss den Esau überlisten“, beschloss Jakob.

„Ich muss ihm das Recht des Erstgeborenen wegnehmen, ohne dass er es richtig merkt!“
Jeden Tag wartete Jakob auf eine passende Gelegenheit für sein Vorhaben.

Eines Tages hatte Jakob ein rotes Linsengericht gekocht.
Er saß vor dem Zelt und blickte über den Zaun in die weite Ferne.
Dort war die Welt Esaus – und Esau war dort auf der Jagd.
Nach langem Jagen kam Esau erschöpft nach Hause.
Er sagte zu Jakob:
„Gib mir doch etwas zu essen –
von dem Roten, von dem Roten da.
Ich bin ganz erschöpft!“
Da wusste Jakob:
„Das ist meine Chance! Jetzt hab ich dich!“
Esau ist ganz erschöpft.
Vor lauter Hunger ist er bereit,
für das Linsengericht jeden Preis zu zahlen.“

Und Jakob beginnt zu verhandeln.
Er fragt hinterlistig:
„Was gibst du mir dafür?“
Er weiß längst, was er will.
Er will Erster sein.
Er will das Erstgeburtsrecht.
„Also, was bekomm ich für meine Linsen?“
„Ich geb dir ein Löwenfell“, sagt Esau.
„Nein“, das will ich nicht.“ (Mit den Kindern wiederholen!)
„Dann lern ich dir, mit Pfeil und Bogen schießen“, schlägt Esau vor.
„Nein“, das will ich nicht.“ (Mit den Kindern wiederholen!)
„Dann kämpfen wir darum“, sagt Esau.
„Der Sieger bekommt die Linsen als Preis.“
„Nein“, das will ich nicht.“ (Mit den Kindern wiederholen!)

Jetzt reicht es dem Esau aber!
„Ich bin am Verhungern!
Meinetwegen kannst du haben, was du willst.
Gib mir endlich was zum Essen!“
Da denkt Jakob:
„Jetzt hab ich dich.
Jetzt koch ich dich ein.
Jetzt krieg ich dich klein!“ (Mit den Kindern wiederholen!)
Und Jakob sagt:
„Dann verkauf mir jetzt sofort dein Erstgeburtsrecht!“
Esau ist fix und fertig und sagt:

„Schau, ich sterbe vor Hunger.
Was soll mir da das Erstgeburtsrecht?“
Und Jakob sagt:
„Schwör mir jetzt sofort!“
Und Esau schwört mit erhobener Hand:
„Ich, Esau, verkaufe dir mein Erstgeburtsrecht.
Du, Jakob, sollst von heute an als der Erstgeborene gelten.
Aber gib jetzt endlich das Essen her!“

Da gibt Jakob dem Esau Brot und Linsengemüse (beides stellen wir in unser Bild).
Esau isst und trinkt dazu gutes Wasser.
Dann steht er auf und geht seines Weges.
Das Erstgeburtsrecht war ihm in dem Augenblick nicht wichtig.

BESCHLUSS

Ein Erinnerungsmahl wäre ein guter Abschluss dieser Bibelstellenbetrachtung. In diesem Mahl setzen wir uns noch mal dem aus, was Jakob mit seinem Bruder getan hat. Fortan wird jeder Löffel Linsengemüse den Jakob an den Betrug erinnern. Wir erinnern und verinnern die Geschichte, indem wir kleine, rote Linsen kochen und gemeinsam essen. Nach jedem Löffel, den wir zu uns nehmen, wird er auf die Seite gelegt und es folgt ein ritueller Sprechvers. So wird dieser Beschluss ein dramatisierter, ritualisierter, fast „liturgischer“ Vollzug.

SPRECHVERS:

Iss Linsen, denk daran,
was dem Esau angetan.
Jakobs Tausch war voller List,
dass er endlich Erster ist.

GRENZEN IN DER LIEBE

„Meine Liebe ist nicht unbegrenzt“, so könnte diese „Erfahrungsgeschichte“ überschrieben werden.

„Liebe“ meint hier sowohl mein Tun, mein aktives Lieben, als auch mein Empfangen, mein Geliebtwerden. Menschen haben „Vorlieben“ und erfahren sich „Vorlieben“ ausgesetzt. Die Geschichte von Jakob/Esau ist hier ganz unverdeckt parteiisch: „Isaak hatte Esau lieber.“ (Gen 25,28a) „Rebekka hatte Jakob lieber.“ (Gen 25,28c)
So wollen wir anschauen, wie Menschen mit Grenzen in der Liebe, im Geliebtwerden umgehen können.
Es gehört schon sehr viel Mut dazu, diese Erfahrung überhaupt anzusprechen und darauf hinzuschauen, dass auch Eltern, ErzieherInnen, Kinder, Menschen

überhaupt „Vorlieben" haben, dass wir unsere Liebe nicht gleichmäßig verteilen, und uns auch nicht von allen gleich geliebt erfahren.
Radikalisiert macht das auch nicht vor der Frage halt: „Hat nicht auch der Gott der Bibel Vorlieben?" (Vgl. etwa Kain und Abel, Gen 4, aber auch Jakob und Esau.)

EIN „VORLIEBEN"- SPIEL

Kinder treffen zu verschiedenen Dingen bzw. Sinneserfahrungen eine Entscheidung unter dem Motto: „Was mag ich lieber?"
Mit dieser Entscheidung verbinden wir zugleich eine Einfühlung in unsere Erzählgestalten Esau und Jakob. Wir überlegen, wem von beiden wir die einzelnen Dinge zuordnen können, ob wir sie im Esau- oder Jakobbereich ablegen sollen.
Ist unser Bodenbild von vorhin, der Lebensbereich Jakobs und Esaus noch vorhanden, legen wir hier ab. Ansonsten sind zwei entsprechende Bereiche zu gestalten und zu benennen.
Die angeführte Reihe von Dingen ist beliebig fortzusetzen. Alle Sinne sollen angesprochen werden:

Tasten:	Gartenerde, Walderde, Tannennadeln, Steine, glatter Stoff, rauher Stoff, Loden, Rupfen, Fell, Stoffgürtel, Ledergürtel, Seil, usw.
Riechen:	Apfel, Birne, Pilze, Beeren, Kräuter, Tannenzweig usw.
Schmecken:	Früchte aus Garten und Wald, Wasser, Saft
Hören:	Stampfen, Trommel, Flöte, Tischharfe
Schauen:	Werkzeuge unterschiedlicher Art, Angel, Pfeil und Bogen, Lanze, Schaufel, Hirtenstab, usw.

ERZÄHLUNG

Isaak hatte Esau lieber.
Welchen Grund das haben kann? Ich weiß es nicht, es war halt so.
Jakob hatte Esau schon sein Erstgeburtsrecht abgeluchst.
Er war jetzt Erster, vor Esau, so dachte er.
„Jetzt möchte ich auch noch die Liebe und den Segen meines Vaters haben.
Als Erster möchte ich von meinem Vater geliebt und gesegnet sein."

Vater Isaak war alt geworden.
Seine Augen waren erloschen.
Er konnte nicht mehr sehen.
Da rief er seinen älteren Sohn Esau und sagte:

„Mein Sohn! Ich bin alt geworden.
Ich weiß nicht, wann ich sterbe.

Nimm dein Jagdgerät.
Geh aufs Feld und jag mir ein Wild!
Bereite mir ein leckeres Mahl
und bring es mir zum Essen.
Dann will ich dich segnen, bevor ich sterbe."

Rebekka hatte Jakob lieber.
Welchen Grund das haben kann? Ich weiß es nicht, es war halt so.
Sie hat das Gespräch zwischen Isaak und Esau belauscht.
Als Esau auf der Jagd war, sagte sie zu Jakob:
„Geh zur Herde und bring mir zwei schöne Ziegenböckchen.
Ich will deinem Vater ein leckeres Mahl bereiten.
Du bringst es ihm dann zum Essen.
Dann wird er dich als Erster segnen."
Jakob aber sagte:
„Mein Bruder Esau ist behaart.
Ich habe ganz glatte Haut.
Wenn mein Vater mich betastet,
spürt er den Schwindel auf."
Da sagte die Mutter:
„Lass mich nur machen, mein Sohn!"
Da ging er und holte die Ziegenböckchen.
Die Mutter bereitete ein leckeres Mahl.
Dann holte sie Esaus Feiertagskleider und zog sie Jakob über.
Die Felle der Ziegenböckchen legte sie um seine Hände,
um die Arme und um den Hals.
So schickte sie Jakob zu seinem Vater hinein.

Jakob sagte:
„Mein Vater, ich bin Esau, dein Erstgeborener.
Setz dich auf, iss von meinem Wildbret,
und dann segne mich."
Da sagte Isaak zu Jakob:
„Komm näher, ich will tasten,
ob du wirklich mein Sohn Esau bist."
Da trat Jakob zu seinem Vater Isaak hin.
Isaak betastete ihn und sagte:
„Die Stimme ist zwar Jakobs Stimme.

Die Hände und Arme aber sind von Esau."
Und Isaak erkannte ihn nicht.
Er aß von dem Wildbret seines Sohnes.

Dann sagte Isaak zu Jakob:
„Tritt näher und küss mich.“
Und er trat näher und küsste ihn.
Dann segnete Isaak seinen Sohn:
„Ja, mein Sohn duftet wie das Feld,
das der Herr gesegnet hat.
Gott gebe dir vom Tau des Himmels,
vom Fett der Erde, viel Korn und Most.
Dienen sollen dir die Völker.
Verflucht, wer dich verflucht.
Gesegnet, wer dich segnet.“

Kaum hatte Isaak Jakob gesegnet,
kam Esau von der Jagd heim.
Jakob versteckte sich.
Als Esau vor seinen Vater trat, fragte dieser ihn:
„Wer bist du?“
Er antwortete:
„Ich bin dein Sohn Esau, dein Erstgeborener.“
Da überkam Isaak ein heftiges Zittern.
Er sagte zu Esau:
„Dein Bruder Jakob hat dich betrogen.
Er hat mir zu Essen gegeben.
Ich habe von allem gegessen
und ich habe ihn gesegnet.
Gesegnet wird er auch bleiben.“
Da schrie Esau auf:
„Er hat mich jetzt schon zweimal betrogen:
Mein Erstgeburtsrecht hat er mir genommen.
Jetzt nimmt er mir auch noch den Segen meines Vaters!“
Und Esau begann laut zu weinen.

BESCHLUSS

❍ Um das Mittebild mit den beiden Lebensbereichen der Brüder legen wir einen Kreis aus schwarzen Tüchern. Sie sind Zeichen, dass es dunkel geworden ist in der Beziehung zwischen Esau und Jakob. Auch das Mittebild selbst kann mit dunkelfarbigen Seidentüchern überdeckt werden. Die List Jakobs legt sich wie ein Schatten auf die beiden Brüder.

❍ Wir zünden Teelichter an, evtl. auf Kartonsternen aufgeklebt und stellen sie auf den dunklen Außenkreis. Mit jedem Teelicht kann ein Wunsch oder eine Fürbitte in Verbindung gebracht werden:

- Für alle, die betrogen und überlistet werden! (Dass sie nicht verzagen!)
- Für alle, die andere betrügen und überlisten! (Dass sie ihr Unrecht einsehen!)
- Für alle, die weinen! (Dass sie einen Tröster finden!)
- Für alle, die traurig sind! (Dass sie die Hoffnung nicht verlieren!)
- Für alle, die einsam sind! (Dass sie an etwas Freude gewinnen!)
- Für alle, die sich schämen! (Dass sie wieder auf andere zugehen können!“), usw.

GEBET

Manchmal muss es dunkel werden,
damit wir Sterne sehen.
Die Lichter leuchten uns in der Dunkelheit.
Es sind Hoffnungslichter.
Guter Gott, sei uns nah
und bei uns da. Amen

TRÄUMEN – WAS LÄSST MICH HOFFEN? (Gen. 28,10-22)

EINFÜHRUNG

„Den Seinen gibt's der Herr im Schlaf!", sagt ein bekanntes Sprichwort. Längst vor aller Psychologie weiß die Bibel um die Bedeutung visionärer Traumbilder für unsere menschliche Entwicklung. Sie legen uns nicht fest auf das, was ist, sondern lassen uns vorausblicken auf das, was nach menschlichem Ermessen möglich und zu erwarten wäre, lassen uns den Blick erheben und Verheißungen „schauen", die der „Himmel" für uns Menschen bereit hält.

Nach menschlichem Ermessen hat Jakob alles verspielt, was ihm bisher in seinem Leben wertvoll und „heilig" war, was er unbedingt erreichen und haben wollte. Wer für sich selbst alles mit Gewalt oder List, der subtilen Form von Gewalt, besitzen und ergreifen will. verspielt alles, steht am Ende vor dem Nichts, steht am Ende isoliert und allein da, man könnte auch sagen: Steht am Ende völlig ungeschminkt und ungeschützt nur noch vor sich selbst.

Der Preis, der für die verlorene (verwirkte) Heimat, die verlorene Ursprungsfamilie, das verlorene Paradies, wo die „Mutter" (Erde, Gott) vermeintlich für alles sorgt und dem Menschen alle Wünsche und Sehnsüchte erfüllt, bezahlt wird, heißt Herausforderung und Chance zur Selbständigkeit und Eigenverantwortlichkeit. An Stelle kindlicher Nähe und Abhängigkeit tritt die „erwachsene" Distanz und Selbständigkeit, die in freier Entscheidung Beziehungen eingeht und bejaht.

Da unsere Geschichte exemplarisch für jede notwendige menschliche Entwicklungs- und Entfaltungsgeschichte steht, sei im Folgenden bewusst männlich und weiblich formuliert, auch wenn die biblische Geschichte nur aus der männlichen Perspektive erzählt. Dadurch wird die Bedeutung für jede und jeden von uns offenkundiger.

Folgende Herausforderungen und Chancen hat „Jakob" jetzt vor sich:

- Die Chance, sich von seiner Mutter (Vater) zu emanzipieren
- Die Chance vom „Muttersöhnchen" zum Mann (Frau) heranzureifen
- Die Chance, den Segen des Vaters (anderen Elternteils) wirklich aufzunehmen („Was du .... von deinen Vätern, erwirb es, um es zu besitzen")
- Die Chance, in Distanz zu treten zu seinem (Schatten-) Bruder (-Schwester), um ihn (sie) nicht ständig zu beneiden, mit ihm (ihr) ständig zu konkurrieren und im Clinch zu liegen.
- Aus der Distanz eröffnet sich die Chance, ihn (sie) zu respektieren, mit ihm (ihr) leben, vielleicht sogar Frieden schließen zu lernen.

Jakob steht jetzt an einer entscheidenden Wende. Es ist der Schritt aus der Für-Sorge (Ob-Sorge) in die Eigen-Sorge und Eigenverantwortlichkeit für sein Leben.
Im Vergleich zu dem, was vorher war, ist das jetzt wie Tag und Nacht ...., „denn die Sonne war untergegangen." (28,11a). Die Strahlen des Lichtes und der Nestwärme seines Ursprungs erreichen ihn jetzt nicht mehr.
Verglichen mit dem Nest, in dem er bisher eingebettet war, erweist sich diese Erfahrung als hart ... „er nahm einen von den Steinen, legte ihn unter seinen Kopf und schlief ein" (28,11b).

GEDANKENGANG - GESTALTUNG MIT DEN KINDERN

Jakob hat Esau um das Erstgeburtsrecht, um den väterlichen Segen, der dem Erstgeborenen zukommt, betrogen. Das Verhältnis der Zwillingsbrüder ist gebrochen. Scherben als Zeichen verdeutlichen den Bruch. Jakob muss das Vertraute, das Nest, das Zuhause, die Mutter verlassen. Er muss fliehen.
Die Flucht führt in die Nacht. Sie ist ein Weg in die Nacht.
Ein Stein ist es, auf dem Jakob am Ende erschöpft sein Haupt bettet. Doch die Härte seiner Situation öffnet ihm den Himmel. Er schaut Gott.
Die Leiter steht für den Blick in den Himmel und die Zusage Gottes, die auf Jakob herabkommt.
Der mit Öl gesalbte Stein wird Erinnerungszeichen für Wandlung, Heilung, Heilserfahrung.

<u>DAS ZUHAUSE</u>

❍ Wir greifen auf das Zelt zurück, soweit es vorhanden ist. Siehe Heft S. 37. Wir können auch mit Rhythmiktüchern in der Kreismitte ein Zelt oder ein Haus als Bodenbild legen. Im Bild des Hauses greifen wir mehr unser eigenes Zuhause, unsere eigenen Lebenssituationen, Lebensprozesse auf.

❍ Wir spielen Haus/Zelt leibhaft und werden uns so seiner Funktion und unseres Seins inne.
- Das Haus/Zelt steht auf der Erde.
- Es ist nach oben gerichtet.
- Es bedeutet für die, die in ihm wohnen, Schutz.
- Ich bin nicht aus dem Häuschen, sondern ganz und gar bei mir selbst. Ich bin zuhause!
- Ich spüre, wie gut es ist, ein Dach über dem Kopf zu haben, das birgt und schützt.

ERZÄHLUNG

❍ Die Stabfiguren bzw. Knotenfiguren von Esau und Jakob werden gezeigt. Die Kinder können erzählen, was sie bereits alles wissen, an was sie sich erinnern. Wir knüpfen so an die vorangegangenen Erzählungen an.

SCHERBEN

❍ In braunes Tuch eingeschlagene Scherben (z.B. eines zerbrochenen Blumentopfes) werden im Kreis herumgereicht und erfühlt.

❍ Sie werden entdeckt, beim Haus/Zelt abgelegt.

❍ Wir zeigen mit den Händen – allein, zu zweit, zu dritt – ein Gefäß an und lassen es aus der Höhe auf die Erde fallen.
Beim Zerbrechen lösen sich die Hände, liegen als „Scherben“ am Boden.

❍ Wir überlegen miteinander, was alles zerbrechen kann:
- Gefäße verschiedener Art aber auch
- Freundschaft, Vertrauen, die Liebe, die Menschen verbindet.

❍ Wir spielen erneut mit den Händen, wie etwas zerbricht.
Der Leiter fügt die auf die Erde gefallenen „Scherben“ wieder zusammen. Er streicht darüber. So tritt er mit jedem einzelnen Kind in Beziehung und vermittelt Heilung dessen, was zerbrochen ist.

❍ Die Kinder versuchen Gleiches gegenseitig.

ERZÄHLUNG

Esau wurde von Jakob getäuscht.
Er wurde von seinem Bruder überlistet.
Jakob hat Esau betrogen.
Er hat ihm das Erstgeburtsrecht geraubt
und den Segen des Vaters.
Esau ist zornig.
Er ist empört, voller Wut.
Ja, Esau hasst Jakob.

Er will ihn töten.
Ihr Mitsammensein, ihr Brudersein ist zerbrochen.
Jakob hat Angst vor Esau.
Er muss von Zuhause fort. Er muss fliehen.

GEBET

Gott! Auch bei uns bricht immer wieder etwas auseinander:
Ein Teller, eine Tasse, ein Gefäß.
Es zerbricht aber noch viel mehr.
Es gibt Streit.
Es gibt Neid.
Es gibt die Lüge.
Es gibt den Hass.
Wir haben Angst.
Wie wird es weitergehen?
Kannst du uns helfen, Gott?
Wirst du uns helfen, Gott?

DER WEG IN DIE NACHT - DER STEIN

- ❍ Der Leiter geht vom Haus/Zelt aus spiralförmig einen Weg, bleibt dann stehen.
- ❍ Er bittet ein Kind, den gleichen Weg bis zu ihm hinzugehen.
- ❍ dabei jeweils der Endpunkt.
- ❍ Wir zeichnen den Weg mit den Händen nach.

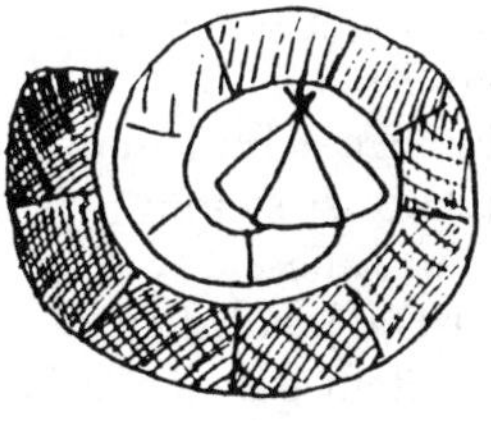

- ❍ Jeweils zwei Kinder erhalten ein Rhythmiktuch. Die Farbfolge geht von Hell ins Dunkle. Das letzte Tuch ist schwarz.
  Sie gestalten in dieser Reihenfolge die Spirale.
- ❍ Wir beschauen das Bild, geben ihm eine Deutung:
  - ein Weg
  - vom Hellen ins Dunkel
- ❍ Wir spielen mit den Händen, wie es dunkel wird, sich die Nacht herabsenkt, ausbreitet,

alles einhüllt, auch unser Herz einhüllen kann.

❍ Wer will den Weg gehen und leibhaft die Veränderung von Hell ins Dunkle, vom Tag in die Nacht darstellen?
Vielleicht legt sich ein Kind am Ende des Weges nieder, um zu schlafen.

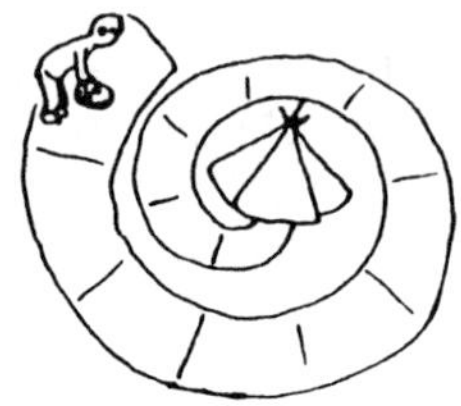

❍ Ein schwerer Stein wandert die Runde und zwar so, dass er dem Nachbarn unter dessen Augenschluss vorsichtig in die Hände gelegt wird.
Härte und Schwere werden erspürt.

❍ Ein Kind trägt den Stein den Spiralweg entlang und legt ihn in der „Nacht" ab.

ERZÄHLUNG

Jakob fürchtet Esau, seinen Zorn.
Er muss fliehen.
Er geht einen weiten Weg.
Er geht ihn schnell.
Die Sonne geht unter.
Die Nacht kommt.
Sie senkt sich herab, breitet sich aus.
Sie hüllt alles ein.
Jakob kann nicht mehr weiter.
Jakob weiß nicht mehr weiter.
Er ist am Ende. Er ist müde.
Er findet einen Stein.
Hier bleibt er.
Er legt sich nieder, den Kopf auf den Stein.
Jakob ist steinmüde, sein Leib, sein Kopf, sein Herz, alles.

❍ Die Jakobsfigur wird den Weg getragen, zum Stein gelegt. Es können auch einzelne Kinder als Jakob gehen und sich am Stein, auf ihn niederlegen.

Wir sprechen oder singen ihnen zu:

Gott behüte dich!
Er schenke dir guten Schlaf
und einen Traum, der sich erfüllt!

T. u. M.: Thomas Brunnhuber

DER TRAUM VON DER HIMMELSLEITER

Wir wollen erfahren, was in der Nacht geschieht, in der Jakob auf dem Stein schläft. Er hat einen Traum, einen besonderen Traum.

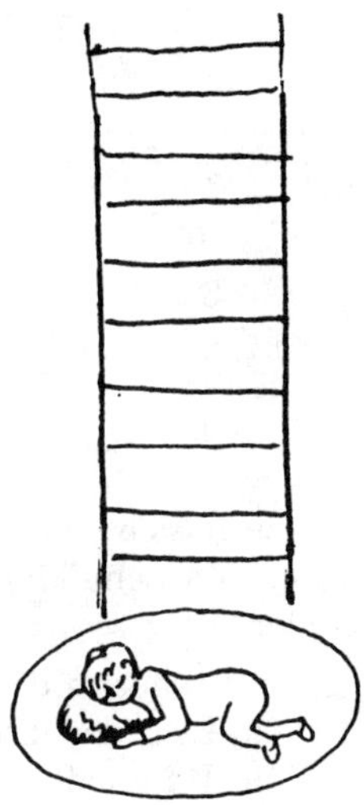

❍ Die Jakobsfigur, bzw. das Kind, das Jakob darstellt und den Weg der Spirale zum Stein gegangen ist, wird mit einem goldenen Reifen eingefasst.
Dazu singen wir zur Melodie: RPP 99-2-41

Ich fass dich golden ein.
Von Gott sollst du gesegnet sein!
Er lässt dich nicht im Stich.
Von Herzen liebt er dich.

❍ An den Reifen werden zwei Goldbänder gelegt und mit Goldstreifen zu einer Leiter verbunden.

❍ Die Kinder erkennen das Bild als Leiter. Wir steigen mit den Händen die Leiter auf und ab.

Ein Glockenspiel untermalt.

ERZÄHLUNG

Siehe auch RPP 81-3-46
Die Kinder bekommen den Impuls, zum Träumen die Augen zu schließen.
Jakob schläft. Er träumt.
Er sieht eine Leiter.

Sie geht von unten nach oben.
Sie verbindet die Erde mit dem Himmel.
Engel steigen die Leiter auf und ab,
von oben nach unten, von unten nach oben.
Am Ende der Leiter aber
sieht Jakob Gott.
Gott spricht zu Jakob:
Ich bin der Herr, dein Gott!
Fürchte dich nicht!
Ich bin mit dir.
Das Land, auf dem du schläfst,
ich gebe es dir.
Ich begleite dich, wohin du gehst.
Ich verlasse dich nicht.
Wohin du deinen Fuß setzt, bin ich mit dir.
Du und deine Kinder sollen gesegnet sein.

T. u. M.: Thomas Brunnhuber

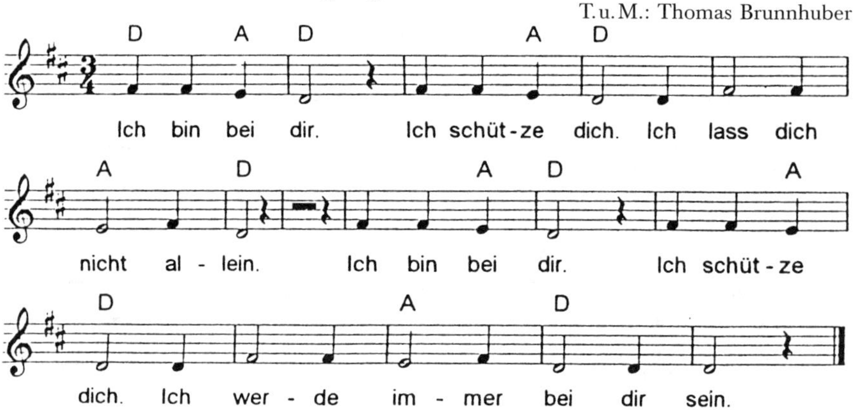

Gott zeigt sich dem Jakob. Gott ist der Ich-bin-da-Gott. Er will für Jakob dasein. Mit Schulkindern können wir Metaphern für Gott suchen, z.B. Gott ist wie:

- das Feuer in der Nacht,
- ein Zelt, das ihn schützt,
- ein Brunnen, der frisches Wasser gibt,
- das Land, das ihn ernährt,
- ein Stab, der ihn stützt,
- ein guter Hirte, der für ihn sorgt,
- der Weg, der ihn zum Ziel führt.

Gott sagt: „Ich bin bei dir. Ich bin dein Feuer. Ich bin dein Zelt. Ich bin dein Brunnen. Ich bin dein Land. Ich bin dein Stab. Ich bin dein Hirte. Ich bin dein Weg."

Es können die Aussagen bildhaft, als Zeichen, rund um den Jakobsplatz gestaltet werden. Dazu immer wieder obiges Lied.

DIE SALBUNG DES STEINS - DER HEILIGE ORT

ERZÄHLUNG

Am Morgen erwacht Jakob.
Jakob erschaudert.
Jakob sagt:
Wahrhaftig, hier ist ein heiliger Ort.
Hier ist das Haus Gottes.
Hier ist die Pforte des Himmels.
Jakob nimmt den Stein,
auf dem er geschlafen hat.
Er stellt ihn auf.
Er salbt ihn mit Öl und spricht:
Dieser Stein soll für immer und ewig
ein Erinnerungszeichen sein,
dass ich Gott geschaut habe.

- ❍ Eine kostbare Schale mit Öl (Rosenöl) wandert durch den Kreis. Jedes Kind darf daran riechen.
- ❍ Das Schälchen wird zum Stein gebracht. Der Leiter salbt den Stein.
- ❍ Alle Kinder erhalten einen faustgroßen, glatten Stein. Sie umschließen ihn mit beiden Händen. Stein und Hände werden eins.
- ❍ Der Leiter salbt nun behutsam die Hände der Kinder.

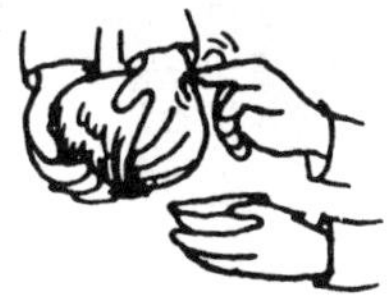

Er kann den Zuspruch geben.
„Es wird alles gut werden. Ich salbe dich“.
Er kann den Zuspruch auch singen:

T. u. M.: Thomas Brunnhuber

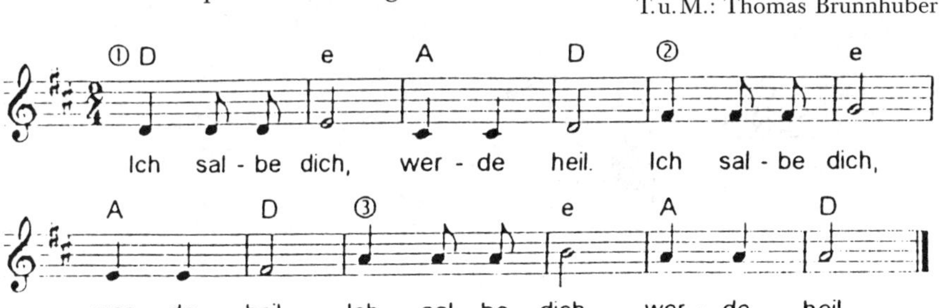

GESTALTUNG

❍ Die Kinder legen ihre gesalbten Steine ab und umstalten sie.
Sie können zum Stein auch noch eine „Himmelsleiter“ setzen.

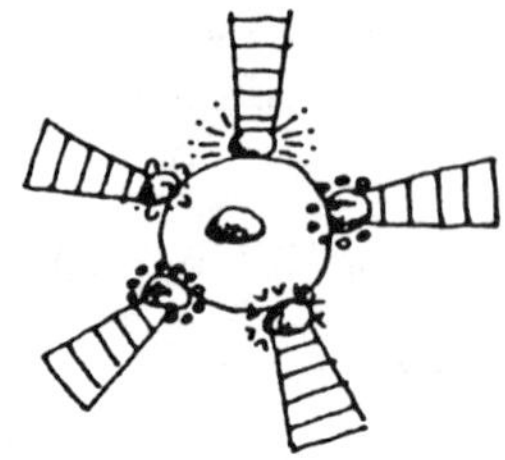

GEBET

Wenn es in unserem Leben dunkel ist und schwer,
öffne den Himmel!
Zeige dich,
Du Gott: Ich-bin-Da!
Schicke deine heiligen Engel,
dass sie uns trösten und stärken!
Amen

ERGÄNZEND ZU DIESEM HEFT LIEFERBAR:

Bildermappe:	Wege ins Leben – Die biblische Geschichte von Esau und Jakob, Format DIN A4, 8 Farbbilder, Lieder, Texte			
	DM 12,–;	ATS 94,–;	CHF 11,50;	zzgl. Versand
Poster:	Titelbild des Heftes im Format DIN A1, ca. 60 x 80 cm			
	DM 7,50;	ATS 56,–;	CHF 7,50;	zzgl. Versand
Handbild:	Titelbild des Heftes in Originalgröße			
	DM –,50;	ATS 4,–;	CHF –,50;	zzgl. Versand

Mutzels Abenteuer in den Bergen

Ein Bilder- und Geschichtenbuch von der kleinen Mutzel, ihren Verwandten und Freunden, von der Felsenfrau Ira, von Tarras dem Herrn der Berge, von Onkel Muri und Onkel Manti und von ihrem Bruder Vanco, von der bösen Hexe Bubba und von der wundersamen Verwandlung des grimmigen Tarras.

Das Gesamtwerk besteht aus:

I. Bilder- und Geschichtenbuch, A4, 71 Seiten, durchgehend farbig, gebunden

II. Anleitungsheft, A5, 24 Seiten, geheftet

III. 2 Musik- und Erzählkassetten, Gesamtspieldauer ca. 2½ Stunden

Geschichtenbuch
DM 29,80; ATS 218,–; CHF 27,50; zzgl. Versand

Spielanleitungen
DM 4,80; ATS 36,–; CHF 4,80; zzgl. Versand

MC Teil I
DM 9,95; ATS 84,–; CHF 9,95; zzgl. Versand

MC Teil II
DM 9,95; ATS 84,–; CHF 9,95; zzgl. Versand

Gesamtpaket
DM 49,80; ATS 368,–; CHF 46,–; zzgl. Versand

Bestelladresse: RPA Verlag

Gaußstraße 8 · 84030 Landshut · Tel. (08 71) 7 32 37 · Fax (08 71) 7 39 96

RPA-Verlag
religionspädagogische Arbeitshilfen GmbH
Gaußstraße 8, D-84030 Landshut
Tel. (08 71) 7 32 37 · Telefax (08 71) 7 39 96

ISBN 3-86141-149-0